令和の魔女狩り

旧統一教会バッシングの深層

まえがき

政教分離の正しい理解が必要

元武蔵野女子大学教授　杉原誠四郎

旧統一教会（世界平和統一家庭連合）をめぐって繰り広げられている現在の批判は、現行憲法が定める政教分離の原則の下、正しい批判の仕方で行われているであろうか。現行憲法がアメリカ占領軍に押し付けられてできた憲法であることをもって、この憲法が定めた政教分離の原則は、現在、日本の社会の中で十分に習熟されて適用されていない。

現在の旧統一教会批判には、旧統一教会の信者の信仰の自由への配慮があるだろうか。旧統一教会にいかに批判すべきところがあっても、現に信仰している信者には、信仰の自由があり、それ自体は傷つけられてはならないという配慮があるかということである。

旧統一教会の持つ問題を見てみるに、創価学会との対比で見てみると分かりやすい。かく言う論者の私は双方に親しい関係がある。旧統一教会の関連団体である世界日報社の発行する日刊紙『世界日報』の「ビューポイント」欄には私の主張を何度も載せている。

片や創価学会には大学卒業以来親しくしている友人がいる。かつて公明党の衆議院議員鍛治清（故人）にも親しくしてもらった経歴があり、この人の仲介を経て、平成の天皇即位に関する大嘗祭に関して、内閣法制局に意見具申をしたことがある。

両者に友好関係があるので、両者を対比して今回の旧統一教会批判に問題のあることを指摘するのは適任であろう。

言うまでもなく、旧統一教会はキリスト教系だが、創価学会は仏教の最高経典といわれる法華経を深めて信仰する信仰団体である。

宗教というのはもともと信仰する信者がいて成り立つもので、その信者の信仰の自由を最大限に保障しようというのが、政教分離の原則である。その信仰の自由を保障するため、信者が集団化して団体をつくることを保障して宗教法人法の制度がある。そして伝統宗教を除いて、新興宗教の場合、強烈な教祖とか指導者がいるのが通常である。

この、信者、宗教法人、教祖または指導者の3者のうち、政教分離の下、最も大切にしなければならないのはどれであろうか。言うまでもなく信者である。信者の信仰の自由は、集団化して宗教法人をつくり、集団的宗教活動をしてもよいが、集団化せず、一人でも信仰の自由を享受することができ、政教分離の原則はそれも保障しなければならない。が、通常はどこかの宗教集団たる教団に属し、その教団は法人化して宗教法人になって存在する。

このような前提で特に新興宗教を見てみた場合、もう一つ重要な要素がある。その宗教集団には、強烈な教祖かまたは指導者がおり、その信仰の自由はその強烈な指導力を持った教祖か指導者の指導に支えられて存在しているところがある。

そこで旧統一教会の教祖の文鮮明は、ソ連が崩壊し冷戦が終わるころまでは、「勝共連合」という組織をつくり、共産主義の撲滅を図ったので、左翼から恨みを買っていた。しかし冷戦終結以降は、北朝鮮を解放し、韓国と共に統一国家をつくろうとしたのであろうか、北朝鮮に接近し、資金を投資したので、いわゆる保守の側からも怒りを買ってしまっている。そのため、現在の旧統一教会への批判で弁護してくれる勢力がない。そのため旧統一教会への批判は無制限にエスカレートしている。

保障すべき信者の信仰の自由

だが、ここで教祖または指導者の指導力がいかに強力であろうと、その教祖または指導者の指導が信者の信仰そのものではないということを押さえておかなければならない。

そのよい例が、創価学会の場合、昭和49年の創共協定である。創価学会の強烈な指導者池田大作と共産党の委員長宮本顕治との間で結ばれた、創価学会と共産党の対立関係を解消しようという協定であるが、これは公表されると即日といってよいほどに創価学会会員によって反故（ほご）にされた。創始者や指導者はどんなに強力で、信者の信仰を支えるものであっても、信者の信仰を全て仕切っているものではないという証しである。だから文鮮明への批判が旧統一教会への批判そのものになってはいけないということである。

今回の旧統一教会への無制限な批判を支えているもう一つは、一般国民の寄せる、いわゆる霊感商法の類いのものへの嫌悪である。

日本人の多くは大まかにいって、神道と仏教の二重信仰をし、何を信仰しているかを自覚しないままに信仰している。多くの日本人は家の仏教の宗派すら知らないでいる。こういう人たちから見ると、カルト的な狂信には最初からアレルギー反応が起こる。

欧米人の場合、何らかの程度に確信的に信仰するから、日本人の場合以上にカルト的宗教に見慣れており、日本人の場合に比べてアレルギー反応が弱い。

そこで一般の日本人はカルト的信仰に対して寛容でないのであるが、政教分離に基づく信仰の自由はこのようなカルト的狂信も保障しているものなのだということを忘れてはならない。実際にカルト的信仰によって救われている人がいることを忘れてはならない。

もしそうした信仰の信仰生活から出てくる行為で反社会的で社会的に迷惑な行為があるときには、その行為ができないように社会から抑制をかければよいわけである。霊感商法に対しては、消費者契約法で明確に抑制する規定が設けられているのはその一つだ。

一般に新興宗教というのは、特定の教祖または特定の指導者に支えられているところが大きいから、社会的には異常に見えるカルト的狂信が見られる。創価学会でも昭和30年代では折伏（信者を増やすための一般の人への働き掛け）とか墓石を高く売りつけるとか、旧統一教会への批判に当たる同種のものは創価学会にも見られた。

ある意味で、カルト的狂信というものは、一つの宗教として立ち上がるとき、どの宗教の場合でも見られるのが普通であり、またそれによってしか成り立たず、また、それ故に救われている信者がいるともいえるのである。一般的にして宗教社会学的にいえば、教団として大きくなるにつれて社会的に摩擦を起こさないようになり、信者のカルト的狂信は弱くなっていくと言える。

いずれにしてもカルト的狂信の要素があっても、それでも救われている信者がおり、信者のその信仰の自由を保障するのが現行憲法での政教分離であることを忘れてはならない。もしそこに社会に迷惑の掛かる反社会的なものがあるならば、それはその都度、社会的に抑制するように制度を整えればよいのであって、その信者の信仰の自由を奪うようなことにしてはならない。

また、この教団の周辺で、この教団の信仰を基にしてか、素晴らしい社会活動をしていることも見ておくべきだろう。私が時おり投稿している『世界日報』は極めて質の高い優れた新聞である。また教団も近時「世界平和統一家庭連合」となって以降、健全な家庭を目指しての社会への教化活動も素晴らしいものがある。

にもかかわらず、教団の解散を図るかのような批判は、現行憲法の政教分離の下では許されないのである。

本稿の最初に述べたように、現行憲法の政教分離は押し付けられてできたものである故、日本では社会的にいまだ習熟して適用されておらず、特に憲法学での未熟さはいまだ顕著な状態にあるのである。

なお私は、「民主主義国家としてありえない『統一教会魔女狩り報道』を断罪する」という論考を月刊誌『Ｈａｎａｄａ』令和5年2月号に掲載した。これも参考にしてもらえれば幸いである。（敬称略）

目次

第1章　安倍晋三元首相　銃撃事件の異様　17

＊本書は、令和4年（2022年）7月9日から12月17日まで世界日報に掲載された記事を抜粋し、一部に加筆・修正を加え、再構成したものです。肩書、データなどは掲載当時のまま使用しています。

第1章

安倍晋三元首相　銃撃事件の異様

安倍元首相　暗殺の闇〔第1部　残された謎〕

安倍晋三元首相が、凶弾に倒れてから3カ月以上が過ぎた。安倍氏が世界平和統一家庭連合（旧統一教会）に近いと容疑者が思い込んだことが、犯行の動機との供述がリークされたが、事件の真相・全容は闇の中だ。在任期間憲政史上最長の元首相の命を奪った暗殺事件の真相を探る。（世界日報特別取材班）

救命医と警察　背反する所見

安倍晋三元首相の銃撃事件で最も不可解なのは、安倍氏の救命治療に当たった奈良県立医大付属病院の福島英賢医師（教授）の所見と、奈良県警の司法解剖の結果が真逆に近いくらい異なることだ。

安倍氏は7月8日午前11時半ごろ、奈良市の近鉄大和西大寺駅前で選挙遊説中、背後から近づいた山上徹也容疑者の手製銃で銃撃された。午後0時20分、橿原市の奈良県立医大付属病院に搬送されたが、心肺停止状態にあった安倍氏を蘇生させることはできず、午後5時3分に死亡が確認された。

同日午後6時すぎに行われた記者会見で、福島医師は、安倍氏の体には、頸部（けいぶ）の前方と右側の2カ所と左上腕部に1カ所、銃創とみられる傷があり、「心臓および大血管損傷による失血死」との見方を示した。記者の質問に「心臓の傷は大きいものがあった」と述べ、さらに心臓のどの部分に穴が開いたのかとの質問に、福島医師は「心室の壁」と答えている。

一方、奈良県警は事件の翌9日の会見で、「左右鎖骨下動脈の損傷による失血死」という司法解剖による所見を発表した。失血死という点は同じだが、心臓の損傷を指摘した福島医師の所見とは大きく異なる。山上容疑者の2回の発砲は、安倍氏の背後からで、安倍氏は1回目の発砲の後、上半身を後ろへ振り向いた際、2回目の発砲で被弾したとみられるが、首の前部と右側から弾が入り心臓に達したのだとしたら、致命弾は山上容疑者以外の何者かによって発せられた可能性も排除できなくなる。

この点に疑問を持った自民党参院議員の青山繁晴氏は、7月20日、自民党本部で開かれた治安・テロ対策調査会に出席し、その内容を自身のユーチューブ番組「ぼくらの国会」で明らかにしている。弾がどのように入ったか、との青山氏の質問に対し、警察庁幹部の説明は、致命弾とみられるものは左上腕部から入って、鎖骨下動脈にも弾が当たったというものだった。青山氏の質問に答えて、警察庁幹部は他に安倍氏の体内から球状の弾丸が1発見つかっているが、致命弾は、貫通しない盲管銃創を残してはいるが、弾自体は見つかっていないこ とも明らかにした。この「消えた致命弾」も大きな謎である。

失血死による死亡というと、普通ある程度の時間を要するが、安倍氏は即死に近い状況だった。事件直後、現場のすぐ前のビルにあるクリニックから駆け付けた中岡伸悟医師は持参のＡＥＤを取り付け心臓マッサージを行ったが、うまくいかなかった。安倍氏の心臓は既に止まっていた。

この状況からは、致命弾は安倍氏の心臓を損傷していたように思われる。しかし、救命治療に当たった福島医師は、会見の終わり近くで、「頸部から入って来た弾が、心臓を損傷し肩口から出て行ったということでいいのか」との記者の質問に、「今のところそう考えていますが、専門家が見ると違うかもしれません」とも述べている。

福島医師が言う専門家とは司法解剖を担当する医師を指すと思われるが、東京都内の病院に勤めるある医師は言う。「司法解剖というのは、それを行う前に警察から、どの方角から銃撃されたなどのブリーフィングを受ける。それが先入観になることもあり、今回、頸部の傷が必ずしも重視されなかった可能性がある」

いずれにしても、頸部の銃創と心室に開いた穴、さらには消えた致命弾などに対する納得のいく説明がなされない限り、山上容疑者以外からの銃撃の可能性などさまざまな疑念を払拭（ふっしょく）することはできない。

警察当局は、事件の全容解明に全力を挙げるというが、全容というなら、これらの疑問を完全に払拭する解明が要求される。ところが、それがどうも怪しいのである。

事件の真相究明を訴えてきた青山繁晴議員は９月30日にアップした自身のブログの中で、

記者会見する奈良県立医大付属病院の福島英賢医師
（７月８日午後６時すぎ、世界日報特別取材班撮影）

「警察を含む政府側は今回、公判前であっても、司法解剖に基づく見解をきちんと内外にしめすべき」と述べ、さらに自身が「恐らくは国会議員の中で唯ひとり」このことを、政府側に繰り返し働き掛けてきたとした上で、9月28日、「強大な権力を持つ側から『そんなことを仰っていると、青山先生のためにもなりませんよ』という言葉が発せられました」と明らかにしている。

これに対し青山氏は「それは脅しだ」と指摘し、逆に憤激して、徹底的に対抗した結果、「何らかの対応がある。司法解剖による所見の説明があり得る」という連絡が、その後来た、と記している。

青山氏と同じく事件の真相を追及しているフリージャーナリストの山口敬之氏も、同様の脅迫を受けていることを、ユーチューブ番組「文化人放送局」などで明らかにしている。山口氏の場合、脅迫、恫喝（どうかつ）は同氏の周辺にも及んでいるという。

青山氏は後に自身のユーチューブ番組で「強大な権力を持つ側」とは、警察庁であったことを明らかにしている。真相を究明する立場の警察が、なぜ、このような圧力をかけるのか、何か不都合なことがあるのか。

いずれにせよ、このような脅迫があったこと自体、異様な事態と言わねばならない。安倍氏暗殺の背景にある闇の深さを思わせる。

（10月12日）

威力ある銃 1人で製造？

安倍晋三元首相の暗殺に使用されたのは、山上徹也容疑者による手製銃だった。インターネットを通じ材料を購入し、作り方の情報も得たという。

各種報道によると容疑者は「銃を作るたびに奈良県内の山中で試し撃ちした」と供述。この供述を基に、奈良県警は県内の山中で、試し撃ちに使われたとみられる木製の板やコンクリートブロック、ドラム缶などを発見している。押収した山上容疑者の軽自動車の中からは複数の穴が開いた木の板が数枚見つかっている。異なる素材のものを的に試し撃ちを重ね、銃の威力や精度を確認していたようだ。

試し撃ちが行われた現場は、正倉院の裏手からドライブウエーに入り、しばらく車を走らせ、さらに林の中の道なき道を奥へと進んだ辺りにある。車道から離れ木々に囲まれ薄暗く、たとえ銃声が響いたとしても、簡単には見つかりそうもない。ここで10回以上試し撃ちしたとの供述にも頷（うなず）ける場所だ。

現場付近をよく知る男性は「普段は車で通り過ぎるだけの場所だから誰にも気付かれなかったのだろう。警察が捜査に来ているのを見て、初めてここ（が試射現場）だったと知った」と話した。

山上容疑者は、襲撃事件前日の未明に旧統一教会の施設にも試射しているが、注目すべきはその威力だ。外壁には7カ所、弾丸とみられる金属片がめり込んでおり、うち2カ所は貫通していたとみられる。また近鉄・大和西大寺駅前の事件現場から約90メートルも離れた立体駐車場のモルタルの壁にも、3カ所、容疑者が発砲した流れ弾とみられる球状の弾丸がめり込んでいた。

この弾丸を捜査員が取り出す動画を見た元警視庁通訳捜査官の坂東忠信氏は、自身の銃の射撃経験などから「山上銃は手作りとされていて嘗（な）めていたが、凄（すご）い威力があると思った」と東京都内で開かれた講演会で語っている。

手製銃は、2本の筒からそれぞれ同時に6個の弾を発射することができる仕組みになっており、山上容疑者はこの銃を、動画投稿サイト「ユーチューブ」などを参考に自作したという。県警は事件当日、山上容疑者のマンションを家宅捜索し、手製銃5丁と火薬、鉄パイプや工具などを押収している。手製銃の中には鉄パイプが9本束ねられた大型のものもあった。

奈良県警は、手製銃の発射実験も行い、科学捜査研究所などで殺傷能力の有無などを確認

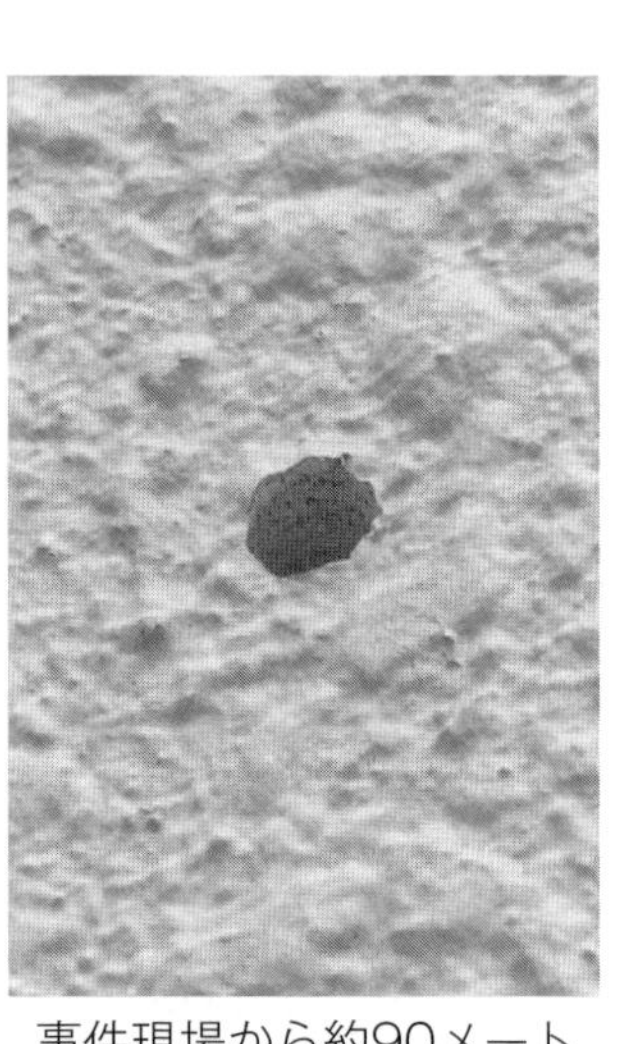

事件現場から約90メートルの建物の壁に残る弾痕（奈良市西大寺国見町、世界日報特別取材班撮影）

したというが、かなりの威力を持つ銃であったことは疑いないようだ。

しかし銃の自作は、一歩間違えると暴発や爆発を起こす危険性もある。ネット上では「本当に一人だけの力で完成させたのか」「協力者がいたのではないか」などと疑問視する声もある。

銃を製作するに当たり山上容疑者は、「火薬を乾燥させるため」との理由で昨年3月から9月ごろにかけて、自宅とは別にひと月の家賃約2万円のアパートを借りており、昨年11月から今年2月まではシャッター付きガレージを再度契約している。

山上容疑者の銃作りに技術面、そして資金面で協力者はいなかったのか。銃の「完成度」は、その可能性を簡単に排除できないことを示している。

安倍元首相を狙った山上容疑者の2回の発砲は、警備担当者や人々の注意をそらす「ミスディレクション」のための空砲だったのではないか、という説がある。特に安倍氏の傍にいた誰にも弾が当たらず、大きな爆発音と煙を出した1回目についてはその疑いが強い。

しかし、ウェブニュース専門チャンネルＡｂｅｍａ Ｎｅｗｓが視聴者からの映像として紹介した動画には、1回目の発砲の後、安倍氏の斜め上に弾丸らしきものが映っている。

安倍氏が被弾した可能性のある2回目の発砲については、その瞬間の複数の動画の分解映像を見てみると、安倍氏の背広の左襟(えり)が瞬間的に内側に翻(ひるがえ)っているところが写し出されている。後方からなんらかの力が加わったとみられるが、この時、容疑者が撃った弾が安倍氏の議員バッジに当たったようだ。

ネット上にアップされた現場で仰向(あおむ)けになった安倍氏の写真を見ると、左襟には議員バッジとブルーリボンは付いていない。

さらに撃たれた瞬間、安倍氏は右手にマイクを握っていたが、そのマイクに議員バッジの紋章の痕らしきものが付いたとの報道がある。インターネット上にはその写真がアップされている。弾丸は議員バッジに命中しそれがマイクに当たった可能性が高い。

これらのことから、山上容疑者の発砲が空砲であったとする根拠は薄い。しかし、だからといって山上容疑者が「ミスディレクション」の役割も兼ねていた可能性は否定できない。致命弾を撃った別の何者か、銃の製造を協力した何者かの存在の可能性を完全に排除することにはならない。

（10月13日）

凶行誘った誤情報・反アベ宣伝

山上徹也容疑者は、世界平和統一家庭連合（旧統一教会）に対する恨みから、同教団の友好団体であるNGO組織（UPF＝天宙平和連合）に寄せられた安倍晋三元首相の動画メッセージを見て「殺害を決意した」という。

当初、教団の総裁を狙っていたというが「新型コロナの影響で来日しないため、このままいつまでたっても実行できないと思い、安倍元首相を標的にすることを決めた」という。しかし教団への強い恨みがなぜ安倍元首相暗殺に飛躍するのか、その間には相当の距離感がある。

各種報道によると山上容疑者は、安倍元首相の祖父である岸信介元首相が旧統一教会を「日本に招き入れた」ため「安倍氏を殺した」と話しているという。容疑者のものと思われるツイッターの投稿履歴においても「岸が招き入れたのが統一教会。（中略）安倍が無法のDNAを受け継いでいても驚きはしない」などと、同様の主張が見られる。

しかし、岸信介元首相は、教団の関連団体である共産主義の克服を掲げる政治団体、国際勝共連合と友好関係にあったが、教団を日本に招き入れた事実はない。このようなインターネット上の誤情報により、恨みの矛先が安倍元首相に向いたことは確かのようだ。

一方で、容疑者が事件前日、フリージャーナリストの米本和広氏に送った手紙の中では「安倍は本来の敵ではないのです。安倍の死がもたらす政治的意味、結果、最早それを考える余裕は私にはありません」とも記している。

山上容疑者について、中学時代の同級生だった女性は「まじめな性格で、周りからも人気があった」と振り返る。事件を知った時、「問題を抱えているようには見えなかった。孤独が（山上容疑者を）変えたのでは」と思ったという。その後、県内の進学校に入学。同校野球部が甲子園に出場した際は応援団を務めた。

安保闘争、後の大学紛争、今では考えられないような事を当時は右も左もやっていた。その中で右に利用価値があるというだけで岸が招き入れたのが統一教会。岸を信奉し新冷戦の枠組みを作った(言い過ぎか)安倍が無法のDNAを受け継いでいても驚きはしない。 twitter.com/hiro_2579/stat...
2021-02-28 20:59:24

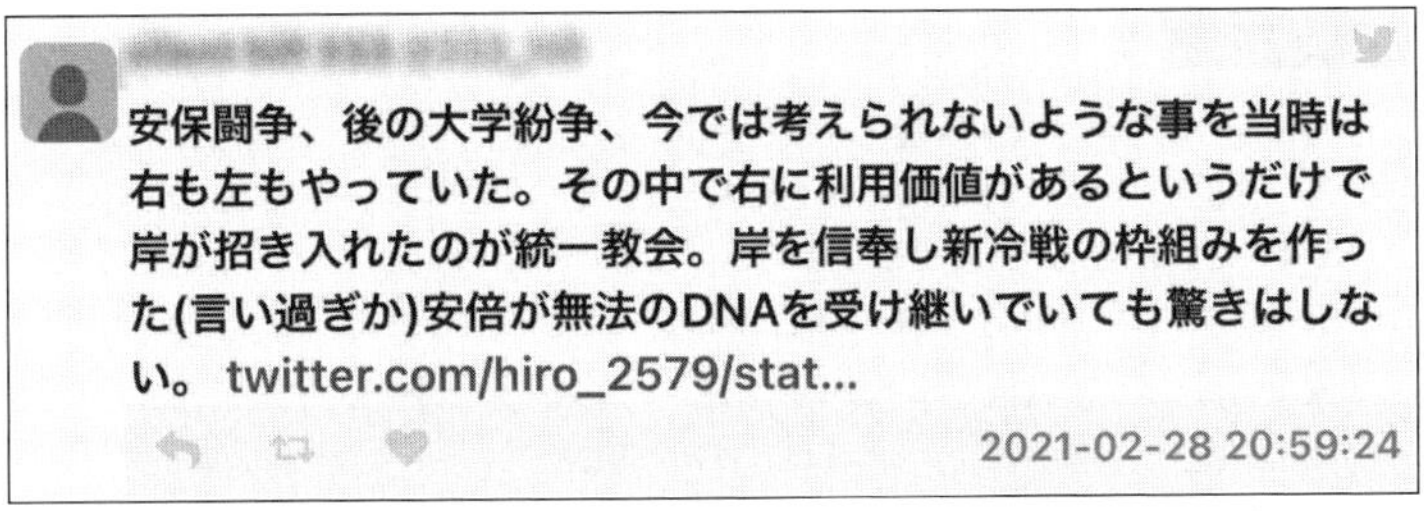

山上容疑者のものとみられるツイッターの投稿。ネット上の誤情報をうのみにしていたと思われる（一部画像を加工）

かつて山上容疑者と奈良で親交のあったある教団関係者は、その人となりについて「いわゆる自己中心的な人間ではなく、むしろ家族や周囲に思いやりのある、また優しい性格をもつ人物」との印象を述べている。周囲とトラブルを起こしたという話もほとんど聞かない。

報道によると当初、山上容疑者は圧力鍋を購入し爆弾の製造を試みたが、対象をピンポイントで狙うには不向きで周囲の人々まで被害が及ぶことから銃の製造に切り替えたと供述している。そのように人命を尊ぶ意識を持っていた容疑者が、なぜ「本来の敵ではない」安倍氏をあえて殺害したのか。殺害を容認させたものは何なのか、との疑問が残る。

ブロガーの藤原かずえ氏は月刊『Ｈａｎａｄａ』９月号の「銃撃の原因となった『反アベ無罪』」で、山上容疑者が、安倍氏への過激なヘイト感情を募らせた要因として、新聞・テレビ・インターネットに溢(あふ)れている罵詈雑言など「安倍氏への常軌を逸したヘイト」を挙げている。

現在メディアの関心は、旧統一教会問題にばかり集まっているが、事件の全容解明には、誤情報や度を超した政治的ヘイト情報など、情報空間の問題も浮き彫りにする必要がある。


（10月14日）

訪台決定期と重なる襲撃決意

事件の取材を進める中で、一つの大きな疑問点が浮かび上がってきた。それは、なぜ7月8日が山上徹也容疑者の安倍晋三元首相襲撃の日となったのか、ということである。

供述によると山上容疑者は昨年の9月ごろ、安倍氏の殺害を決意、今年の春ごろには銃を完成させたという。そして第26回参議院選挙が6月22日に公示され、安倍氏は公示日の東京都内での街頭演説を皮切りに全国遊説を開始している。暗殺を計画していた容疑者にとっては好機到来したことになる。

しかし山上容疑者はすぐには決行しなかった。報道によると、「襲撃は7月に決意」したと供述している。その理由を「金がなくなり、7月中には死ぬと思った」からと供述している。

容疑者の預金口座の残高が8日時点で二十数万円あったが、少なくとも60万円以上の負債も残っていたとの情報もある。捜査本部は、犯行の背景に経済的困窮もあったのではないかとみているようだが、安倍氏暗殺のためにガレージまで借りて準備をしてきた容疑者が、経済的困窮を理由にこんな大事件の最終的な決断をするだろうか。
7月に入って襲撃を決意した別の理由があったのではないかとの疑問が出てくる。
山上容疑者は、7月7日、岡山での安倍氏の演説会場に向かったが襲撃を断念。帰りの電車の中で翌8日に急遽安倍氏が奈良県の近鉄・大和西大寺駅前に訪れることを知り犯行に及んだという。大和西大寺駅なら容疑者の自宅のある最寄りの新大宮駅から一駅で土地勘もある。

しかし、この大和西大寺駅で安倍氏は、事件の10日前の6月28日にも事件現場とは逆側の南口で街頭演説を行っている。その様子を記録した写真が安倍氏のツイッターに掲載されている。写真では安倍氏の立ち位置と聴衆との距離は遠く見えるが、実際に記者の歩幅で測ったところ約10歩（10メートル）ほどだった。背後は選挙カーで防備はされていても、山上容疑者が安倍氏正面の聴衆に紛れていれば確実に狙える距離だ。

さらに安倍氏は同日、大阪府の近鉄・富田林駅前でも街頭演説を行っている。演説を聞いていた男性によると、演説後安倍氏は選挙カーを降り、支持者らに囲まれながらグータッチをして回ったといい、「もしあの中に山上（容疑者）がいたら、銃でもナイフでも狙うのは簡単だっただろう」と振り返る。

国政選挙で全国を飛び回る安倍氏が奈良近辺で演説を行う回数は限られている。その中で、この機会を見落としていたとは考えにくい。ではなぜ山上容疑者はこの日、安倍氏を狙わなかったのか、疑問を抱かずにはいられない。6月28日から7月8日までの間に、容疑者に襲撃を決意させる何か大きな変化があったのではないかと思われる。

それは、容疑者が供述するような経済的な理由などではなく、第三者側での変化があったのではないか。そこで暗殺された安倍氏の側に目を向けると、ちょうどこの時期が、安倍氏の台湾訪問が正式に決定した時期と重なることに気が付く。

安倍元首相ほど台湾有事に関して積極的な発言をしてきた政治家はいない。昨年12月に台湾のシンクタンクが開いたシンポジウムに安倍氏はオンラインで講演。「台湾有事は日本有事であり、日米同盟の有事である」と述べた。これに対し、中国側は「強烈な不満と断固反対」を表明した。

今年4月には、「プロジェクト・シンジケート」に論文を投稿。ロシアのウクライナ侵攻と台湾有事を重ねた上で、米国はこれまで続けてきた「曖昧戦略」を改め、中国が台湾を侵攻した場合、防衛の意思を明確にすべきだと主張した。

同論文は米紙ロサンゼルス・タイムズや仏紙ルモンドなどにも掲載されたが、中国外務省の趙立堅報道官は記者会見で「これに関わる日本の政治屋は台湾問題で言行を慎み、『台湾独立』勢力に誤った信号を発するのを防ぐべきだ」と非難した。

その安倍氏が今年7月に訪台することが台湾のインターネットメディア『風傳媒』で報じられたのは5月22日。これを受けて翌23日、中国外務省の汪文斌副報道局長は記者会見で「日本は中国人民に台湾問題で歴史的な罪を負っており、言動を慎むべきだ」と述べ、訪台に反対する考えを示した。

中国当局が神経を尖らせ、できれば阻止したいと考えていたであろう安倍氏の訪台が6月末に正式に決まる。台北駐日経済文化代表処の謝長廷代表は、27日に来日した台湾日本関係協会の蘇嘉全会長とともに安倍氏を表敬訪問し、正式に訪台を招聘し、安倍氏は快諾した。予定通りいけば、安倍氏は敬愛する李登輝元総統の命日である7月30日に訪台するはずであった。

安倍氏の台湾有事に関する発言は、世界の政治家の中でも際立っていた。中国にとっては、最も厄介で我慢のならない存在だったことは確かである。安倍氏暗殺は、このような台湾をめぐる安倍氏と中国との緊張関係の中での出来事であった。事件の全容解明には不可欠の観点である。

（10月15日）

安倍元首相　暗殺の闇　〔第2部　恨みと凶行の闇〕

空白の10年に深刻な変化

「母の入信から億を超える金銭の浪費、家庭崩壊、破産…この経過と共に私の10代は過ぎ去りました。その間の経験は私の一生を歪ませ続けたと言って過言ではありません」。山上徹也容疑者（42）は安倍晋三元首相襲撃の前日、ジャーナリストの米本和広氏に宛てた手紙の中で自身の人生をこう振り返っている。

世界平和統一家庭連合（旧統一教会）が自分と家族の人生を歪ませたと述べているが、それから安倍元首相銃撃までは25年近い年月の経過がある。

1980年、山上容疑者は山上家の次男として生まれる。祖父が建設会社を営み一家は比較的裕福だったが、4歳の時、父親が過労とアルコール中毒で自殺。兄は幼少期に小児がんを患い片目を失明するなど、壮絶な幼少期を過ごした。

山上容疑者が10歳を過ぎた頃、母親が旧統一教会に通うようになった。各種メディアでは、母親は山上容疑者ら兄妹の育児を放棄するような形で宗教にのめり込んでいたと報道されている。しかし、90年代後半に山上家と交流があった女性は、必ずしもそうでないと語る。

女性は母親が家を留守にしている間、代わりに子供たちの弁当を作ってほしいと頼まれ山上家に3日間通った。女性は自身の夫もアルコール中毒に悩んでいたため山上容疑者の母とも親身な関係だった。女性によると、弁当には「デザートにフルーツを入れてほしい」などと細かな指定まであったという。「お母さんは留守の子供たちにすごく配慮していた」と当時を振り返り、いわゆる育児放棄のようなことはなかったと強調する。

しかしそこから10年以上経過し、母親と再会した時、「心身ともに疲れ果てていた様子」だっ

安倍晋三元首相が銃撃された事件から１カ月、現場付近で手を合わせる人たち＝8月8日、奈良市（森啓造撮影）

たという。「家族を思う気持ちは人一倍ある人だったけれど、過酷な状況で、（実生活が）追い付かなくなってしまったのではないか」と女性は推察する。

その間、山上家ではさまざまな出来事が起こった。報道や伯父の供述によると、母親は教会に夫の死亡保険金から６０００万円を献金。99年には祖父から相続した不動産を売却し約４０００万円を献金した。その後、献金との直接的因果関係は不明だが２００２年に自己破産している。

05年には海上自衛隊に勤務していた山上容疑者が呉市内の下宿で自殺未遂を図った。生活に困窮している兄と妹に、自身の死亡保険金を渡すためだったという。同年、教会と山上家の間で献金の返還協議を開始し、５０００万円を返金することで合意が結ばれた。

この返金に関わり、山上容疑者との交流もあった奈良の教会の元幹部に当時の山上容疑者の様子を聞いた。元幹部は、2005年から月々の返金のために山上家を訪れ、その際、山上容疑者と言葉を交わすこともあった。教会に対する恨みや反発が強ければ、教団側の人間と口も利かない、あるいは非難めいた言葉を吐いてもおかしくないが、そういうことはなかった。

「教会に対する反発は当然ありました。しかし自分が教会を潰しにかかろうと思っていたわけではないと思う」と元幹部は語る。当時の山上容疑者の人となりを知る元幹部は「僕が例えば会社を持っていたら普通に雇いますよ」とも語る。

元幹部が語る山上容疑者が教団幹部殺害を決意するに至るまでには、かなりの距離がある。それが安倍氏殺害にまで至るとなるとさらに飛躍がある。2009年以降、元幹部と山上容疑者の交流は途絶える。山上容疑者がSNSなどで教団への激しい敵意を表し始めたのは2019年頃からだ。この空白の10年の間に境遇や心の世界で、何か深刻な変化が起きたと考えられる。

（12月14日）

「ジョーカー」と姿重ねテロ

現時点で取材班が確認できた山上徹也容疑者のインターネット上の投稿を見ると、自身の生い立ちや家族、政治、世界平和統一家庭連合（旧統一教会）への批判など、さまざまな発言を行っていたことが分かる。重い病を患い2015年に自殺した兄に関しては、「常に母の心は兄にあった」などとコメントしている。

そんな中でも目を引くのは、ツイッター上での、韓国・北朝鮮に対する攻撃的なコメントの多さだ。

「母を唆した韓国人によってかけられたオレのこの呪い」「オレが集団としての韓国人を許すことはないし、それに味方する日本人を許すこともない」と敵意をむき出しにしている。母親が入信した統一教会が韓国発祥であることから、教会への恨みが、韓国人への敵意にまで拡大している。

このように山上容疑者は日常的に、韓国や北朝鮮のニュースを引用し、批判的なコメントを添え投稿していた。しかし嫌韓感情を持つ人はインターネット上においては珍しいことではない。ネトウヨなどと呼ばれる人々も連日嫌韓の話題を投稿している。

ただ、この嫌韓感情を実際のテロへとエスカレートさせる人はほとんどいない。山上容疑者が教団に対する恨みを、ネット上の憂さ晴らしのみに留めておかず、犯行を決意するに至らせたものは何だったのか。

山上容疑者の投稿を追っていくと、彼が強い影響を受けたと思われる作品が浮かび上がってきた。それは19年公開の米映画「ＪＯＫＥＲ（ジョーカー）」だ。

ストーリーは、病弱な母を支えながら道化師として暮らす主人公が、社会や同僚、母にま

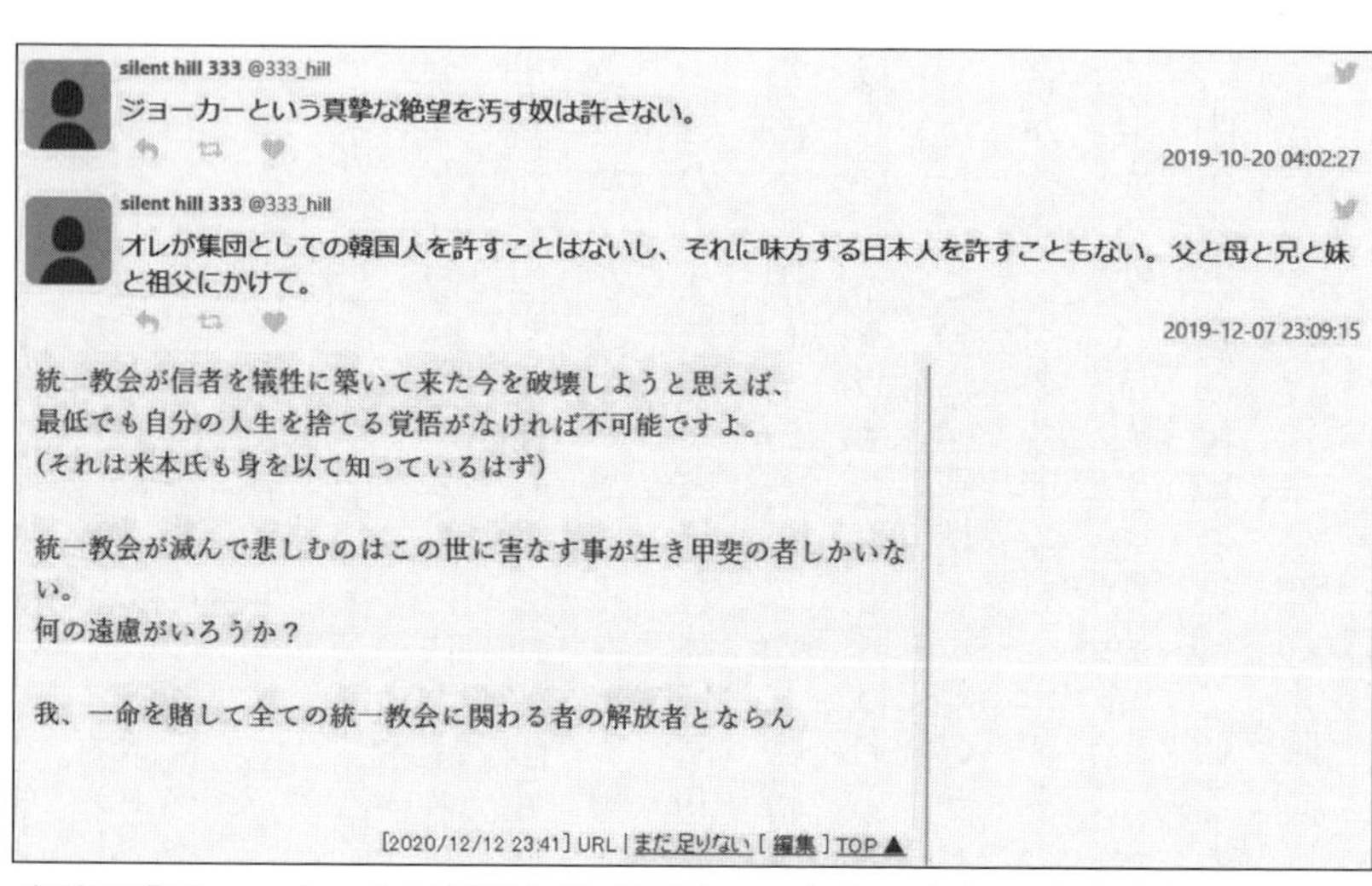
silent hill 333 @333_hill
ジョーカーという真摯な絶望を汚す奴は許さない。
2019-10-20 04:02:27

silent hill 333 @333_hill
オレが集団としての韓国人を許すことはないし、それに味方する日本人を許すこともない。父と母と兄と妹と祖父にかけて。
2019-12-07 23:09:15

統一教会が信者を犠牲に築いて来た今を破壊しようと思えば、
最低でも自分の人生を捨てる覚悟がなければ不可能ですよ。
(それは米本氏も身を以て知っているはず)

統一教会が滅んで悲しむのはこの世に害なす事が生き甲斐の者しかいない。
何の遠慮がいろうか？

我、一命を賭して全ての統一教会に関わる者の解放者とならん

[2020/12/12 23:41] URL | まだ足りない [編集] TOP▲

米映画「ジョーカー」の影響を強く受けていたとみられる山上容疑者のSNS

で裏切られ、だんだんと内に秘めた憤懣が増大していき、社会への報復として殺人を重ねていくというもの。アカデミー賞にノミネートされるなど話題作だが、殺人を美化しているという評もある。

山上容疑者は19年10月、教団トップ来日に合わせ名古屋の会場に火炎瓶を持ち込もうとしたが、入場できず断念したと供述。その前日に映画館で観たのが「ジョーカー」だったという。ツイッターの中で少なくとも15回以上「ジョーカー」の話題を投稿。「ジョーカーという真摯な絶望を汚す奴は許さない」との強い共感を示す投稿を見ても、山上容疑者はこの不運な主人公と自身の不遇を重ねていたと思われる。

昨年10月には、映画「ジョーカー」を模倣した事件が起きている。東京・京王線の車内で乗客を刃物で刺し、火を放ち殺人未遂容疑で逮捕起訴された被告（25）は、ジョーカーに似せた衣裳をし

ていた。

先の投稿から半年後、山上容疑者はジャーナリストの米本和広氏のブログに「何の遠慮がいろうか？我、一命を賭して全ての統一教会に関わる者の解放者とならん」とコメント。既に何らかの犯行を示唆しているが、見逃せないのは「解放者とならん」としている点だ。「ジョーカー」では、主人公が一種のダークヒーローとなり、社会に不満を持つ民衆がジョーカーのスタイルをして暴動を起こす。安倍氏銃撃は、それによって社会的な影響を与えることを狙ったという点で、テロ以外の何物でもない。

「復讐は己でやってこそ意味がある。不思議な事に私も喉から手が出るほど銃が欲しいのだ。何故だろうな？」。このコメントに対し米本氏は「〇〇（山上容疑者のアカウント）さんにイエローカード」とし、しばらく投稿を控えるよう促している。（12月15日）

ネットの偏向・誤情報が拍車

世界平和統一家庭連合（旧統一教会）への恨みから、当初は教団のトップ襲撃を狙っていた山上徹也容疑者だったが、新型コロナウイルスの世界的蔓延（まんえん）によりその機会が閉ざされ、襲撃の標的を安倍晋三元首相へと移していく。

山上容疑者は事件前日、ジャーナリストの米本和広氏に宛てた手紙の中で、安倍氏のことを「本来の敵ではない」と語っている。なぜ本来の敵ではない安倍氏を殺害するに至ったのか。

山上容疑者は事件後も安倍氏について「政治的な恨みがあったわけではない」と供述している。２０１９年10月に始めたツイッター上においても当初は「基本政策が信用できない野党や共産党がこうして（安倍）政権の重箱の隅をツツきつつ選挙で敗北し続けるのはある意味、キチンと国政が回っているとも言える」（同年11月）など、政治思想的には安倍政権を肯定しているとも取れる発言が目立つ。

また山上容疑者は同じ頃、韓国が軍事情報包括保護協定（ＧＳＯＭＩＡ）の破棄をちらつかせた問題や、中国による度重なる領海侵入の問題など、安全保障上の脅威に言及する投稿も多く、保守的な政治思想を持っていたと思われる。

しかし山上容疑者の安倍氏個人に対する見方はその後、少しずつ変化していく。20年８月の投稿では、ネット上の政治家と宗教団体との関わりを示唆する図を引用投稿しているが、安倍氏の欄には「日本会議・神政連・統一教会・ワールドメイト・親学」などと書かれている。ほかにも、複数の新興宗教団体と当時の閣僚たちとの〝癒着〟を表す真偽不明の情報だ。

21年１月には「安倍にはイカサマでもカリスマの欠片くらいはあった」と投稿するなど、この頃から「反アベ」的な投稿が目立つようになっていった。

19年10月に「（前略）安倍政権に言いたい事もあろうが、統一教会と同視するのはさすがに非礼である」としていた山上容疑者だが、21年２月には「虚構の経済を東京五輪で飾ろう

UPFの大会にビデオメッセージを寄せる安倍晋三元首相（2021年9月12日、主催者提供）

とした安倍は（中略）統一教会を彷彿とさせる」と投稿するまでに評価が変わってしまったのだ。

安倍氏の祖父である岸信介元首相についても「安保闘争、後の大学紛争、今では考えられないような事を当時は右も左もやっていた。その中で右に利用価値があるというだけで岸が招き入れたのが統一教会。岸を信奉し新冷戦の枠組みを作った（言い過ぎか）安倍が無法のＤＮＡを受け継いでいても驚きはしない」と持論を述べている。

しかし岸信介元首相は、教団の関連団体である共産主義の克服を掲げる政治団体、国際勝共連合と友好関係にあったが、教団を日本に招き入れた事実はない。

これらのことから、ネット上の誤情報などが、山上容疑者の怒りの矛先を安倍氏に向かわせた可能性は高い。そして21年9月、教団の関連団体とされるＵＰＦ（天宙平和連合）に安倍氏が寄せたビデオメッセージを見て犯行を決意したという。

犯罪心理学に詳しい東洋大の桐生正幸教授は、山上容疑者が安倍氏と教団を短絡的に結び付けている点に着目し、インターネットの偏った情報によって本人のゆがんだ認知が強化された可能性を指摘。「本人が検索するほど、安倍氏と宗教の結び付きを強化させるような情報だけが目に飛び込んできたのだろう」と推測する。

（12月16日）

ネット上で協力者求めた痕跡

取材を進める中で、山上徹也容疑者が米本和広氏のブログで「我、一命を賭して全ての統一教会に関わる者の解放者とならん」と宣言した投稿のハンドル名「まだ足りない」に、メールアドレスが埋め込まれていたことが分かった。同ブログのコメント欄にコメントする際、ハンドル名やメールアドレス、自身のサイトのURLなどを記入する欄があるが、ほとんどはアドレスを付さないハンドル名だけの投稿が多い。

同じ日の投稿には、「復讐は自分がやる」「喉から手が出るほど銃が欲しい」などの書き込みもある。教団トップを殺害するヒットマンに自分がなるから銃をくれと言っているようなものだ。そのコメント欄で自身のアドレスを一度だけ公開したのは、単なる手違いだった可能性もあるが、協力者を求め敢（あ）えて公開した可能性も排除できない。なぜなら、山上容疑者が使用していたこのアドレスはプロトンメールのものだったからだ。

プロトンメールは、プライバシー保護法が強力なスイスで運用されており、米国や欧州連合（EU）など国家権力も及ばない秘匿性の高いメールサービスだ。ヤフー、グーグル、ニ

silent hill 333 @333_hill

ですが、特にあなたを憎んでいる訳ではありません。

今回連絡してみようと思ったのは
あなたも統一教会を憎んでいるだろうと思ったからです。

憎んでいるなら、さぞかし深く深く憎んでおられるだろうと。

統一教会を、
文一族を、
許せないという思いがあるなら
どうか連絡して下さい

Yより■へ。

2021-05-18 22:19:50

山上容疑者はツイッターでも暗に協力者を求めていたとみられる（画像一部加工）

フティなど日本人がよく使用するメールサービスではなく、プロトンメールのアドレスを公開した「まだ足りない」こと山上容疑者は、メール上で協力者を募り、秘密のやりとりを行うことを想定していたのではないか。

　山上容疑者は、事件の数年前にかつて面識のあった教団の元幹部に宛て、「今も統一教会を憎んでいますか」とのメールを送っている。さらにツイッター上にも21年5月、「統一教会を、文一族を、許せないという思いがあるならどうか連絡して下さい」と同幹部に向けたと思われる投稿をしている。わざわざ他の利用者が閲覧できる場所にこのような文章を残したのも、暗に協力者を探すためとみられる。

　これら一連のSNSへの投稿を見て、山上容疑者に協力ないし利用しようとアプローチしてきた人物がいたとしてもおかしくない。安倍元首相銃撃は、山上容疑者の単独犯の線で捜査は進められているようだが、そう決め付けるのは早計だ。共犯者、協力者がいなかったか徹底的な真相究明が求められる。

安倍元首相の銃撃については、安倍氏の救命治療に当たった奈良県立医大付属病院の福島英賢医師（教授）の心臓に穴が開いていたとする所見と、心臓に損傷はなかったとする奈良県警の司法解剖の結果の所見が全く相反するなど不審点が多く、青山繁晴参院議員（自民）から究明を求める声が上がっている。

それを受けて9月30日、奈良県議会の総務警察委員会で中野雅史県議（自民）がこの問題を取り上げ、警察側に説明を求めた。これに対する安枝亮奈良県警本部長の答弁は、左右鎖骨下動脈の損傷が「致命傷」となり、この傷による失血が死因であり、「心臓には銃による傷は認められなかった」とこれまでの説明を繰り返すものだった。

中野県議は「違う犯人がいるのではないか、死因に問題があるのではないか、あるいは警察が隠していることがあるのでは。こういうことがネット上で流れている」とした上で、これを「情けないかぎり」と述べている。この点から察して、この質疑は安倍氏暗殺に対するさまざまな疑問が噴出し続ける事態の鎮静化を狙ったものに見える。しかし県議会でのやりとりは、全くそれに応えるものではなく、疑問はさらに深まったと言える。

（12月17日）

世界日報の主張

●暴力で言論封殺　許されぬ蛮行だ

参院選の演説中だった自民党の安倍晋三元首相が、銃撃され死去した。言論を暴力で封殺する蛮行は決して許されない。あすの投開票日の直前というタイミングで、しかも政策表明をしている最中の犯行は民主主義への挑戦でもある。

憲法改正実現できず

容疑者は「安倍元首相の政治信条への恨みでやったわけではない」と話しているというが、警察はその言葉の真偽も含め、犯行の動機や背景を徹底解明すべきである。また、志半ばにして凶弾に倒れた安倍元首相に対しては衷心より哀悼の意を表したい。

岸田文雄首相は「民主主義の根幹である選挙が行われている中で起きた卑劣な蛮行であり、決して許すことはできない。最大限の厳しい言葉で非難する」と強調した。世界各国・地域の指導者たちも衝撃を受けている。暴力によって選挙戦が影響されてはならない。

昨今の政治家年齢ではこれからが本番とも言える67歳で生涯を終えた安倍元首相は、憲法改正という祖父、岸信介元首相の悲願を志に据えて政治家になった。首相に2度就任し、在職期間は連続２８２２日、通算３１８８日と、憲政史上最長を更新した安倍元首相の国会演説には「憲法改正」への決意が必ず込められていた。

「戦後レジームからの脱却」をスローガンに新しい国づくりへの意欲を燃やした。「戦後レジームを原点にさかのぼって大胆に見直し、新たな船出をすべきときが来ている」とし、「次の50年、１００年の時代の荒波に耐え得る新たな国家像を描いていくことこそ私の使命だ」とも言い切った。

安倍政権になって最初に実現したのが、教育基本法の改正だった。安倍元首相が「国に対する愛着愛情、道徳心、そういった価値観を今まで疎かにしてきたのではないか」と国民に問い掛け愛国心を涵養する重要性を説き続けたことは高く評価したい。改憲のための国民投票法を成立させ、防衛庁を防衛省に昇格させたのも国づくりへ新たな歩を進めたものだ。

安倍元首相の座右の銘は、尊敬する幕末の志士、吉田松陰と同じ「至誠にして動かざる者未だ之れ有らざるなり」だった。「誠を尽くして動かし得ないものはない」という強い信念の下、改憲に懸命に取り組んだが、志を実現することはできなかった。北朝鮮による拉致問題の解決も「条件を付けずに、金正恩委員長と向き合う決意」を表明したが道半ばとなった。

集団的自衛権の行使容認や平和安全法制（安全保障関連法）を整備し、国際社会における日本の地位向上に尽力したことは大きな業績の一つと数えられよう。トランプ前米大統領との信頼関係を土台に、地球儀を俯瞰する積極的平和主義外交を展開。「自由で開かれたインド太平洋」の実現を目指し中国包囲網を形成してきた外交戦略を主導した意義も大きい。

志を継承して国政に対処を

保守の要の政治家を失った影響は非常に大きい。
だが、その志を継承して国政に対処することが政治家に求められよう。（7月9日）

警護の在り方　徹底検証し悲劇の再発防げ

政界の重鎮である元首相をなぜ守れなかったのか――。安倍晋三元首相が銃撃され死亡した事件で、警察庁は警護に問題があったとして、庁内に検証チームを設け、要人警護の在り方を抜本的に見直すことを決めた。徹底検証して悲劇の再発を防がねばならない。

警察庁が検証チーム設置

「重大な結果を招き、要人警護の責任を果たせなかった。都道府県警察を指揮監督する警察庁長官としての責任は誠に重いと受け止めている」――。警察庁の中村格長官は厳しい表情で語った。

これまで、元首相の警護では都道府県警察が警護・警備計画を策定し、警察庁はほとんど関わってこなかった。中村長官は「現場の対応のみならず、警察庁の関与の在り方にも問題があった」と述べている。日本ほど安全な国はないと思われていた海外での信頼が損なわれた。警察庁の主導による信頼回復を望みたい。

警察庁は二之湯智国家公安委員長から指示を受け、「検証・見直しチーム」を設置。まず安倍氏に対する警護・警備の問題点を洗い出す。警察官の態勢や配置が適切だったか、現場で警護に当たった担当者から聞き取りなどを行い、8月中にも検証結果をまとめて公表する。

悲劇は幾つもの問題点が重なって起きたように見える。まず国政に大きな影響力を持つ元首相の遊説であったにもかかわらず、警備の警察官が手薄だった。そして安倍氏の背後の車道を挟んだ歩道にいた容疑者が、演説開始後、安倍氏に近づき銃撃した。容疑者が車道に出ても止める警察官はいなかった。

想像力を働かせれば背後からの襲撃の可能性は十分に考えられたはずである。警察官の配置自体に大きな問題があったのではないか。

そして多くの人が指摘するのは、1発目の銃撃後、致命傷を与えたとみられる2発目までの間に2~3秒あったのに、安倍氏を伏せさせるなどして銃弾から守ることがなぜできなかったのかという点だ。

警察庁は要人警護に関する要領を文書で定めて都道府県警察に配布し指導しているが、今回の事件を受け確認したところ、爆発物などの物体が投げられることへの対処に集中し過ぎており、銃器への対応が不十分であった可能性が指摘されている。警護のマニュアルが適切なものか徹底的に検証してほしい。

警護は体を張って人を守る仕事であり、事態に瞬間的に対応しなければならない。それだけに日頃の訓練が重要だ。成果は一瞬に表れる。訓練、心構えが十分だったのかも検証する必要がある。

手製の銃での犯罪対策を

容疑者が使用したのが手製の銃であったことも大きな衝撃だ。インターネットで作り方を調べ、部品などもネット販売で購入したと供述している。ネット上で、このような情報が簡単に閲覧できる時代だ。

こうした現状を考えると、今後も同様の事件が起きる可能性も考えられる。ネット上の規制を含め、手製の銃による犯罪を未然に防ぐ方策を検討すべきではないか。

（7月14日）

●銃撃1カ月　真相究明から目を逸らすな

安倍晋三元首相が奈良市で選挙の街頭演説中に銃撃され、非業の死を遂げてから1カ月が経過した。国会での追悼演説もまだ行われず、容疑者が動機を世界平和統一家庭連合（旧統一教会）への恨みと供述したことから、容疑者への同情論まで出てくる異常事態となっている。

「宗教と政治」が槍玉に

メディアの報道は家庭連合や同連合と政治家との関係に集中。事件の真相究明は片隅に追いやられ、警備の大失態など検証すべき重要問題から国民の目が逸らされているのは極めて憂うべき状況だ。

安倍氏の殺害で家庭連合を社会の批判の的にしようとしたと供述する容疑者の狙い通りの展開となっている。テロによって社会を動かし、同情も得ることができるのであれば、模倣犯を生みかねない。ホームセンターで材料を購入しインターネットを参考に手製の銃を作って犯行に及んだとなればなおさらだ。

メディアは一方的で誤解を招くような情報を流し、視聴者を煽ることがあってはなるまい。動機に政治的な意図はなく、個人的な怨恨のみと今の段階で決め付けることはできない。一宗教団体への恨みが、首相退任後も大きな影響力を持つ国際的な政治家の殺害に結び付くには距離がある。その間に何があったのか。協力者はいないのか。いずれにしてもテロ行為であることは明らかで、これを容認することは断じて許されない。

家庭連合と政治家との結び付きに注目が集まり、同連合や友好団体のイベントに祝電を送ったことまで槍玉に挙げられている。各党が関係のあった議員の名簿を公表するなど中世の「魔女狩り」の様相を呈し、第4権力の異名もあるメディアが異端審問官のごとき役割を果たしている。21世紀の日本を中世に逆戻りさせてはならない。

岸田文雄首相は、家庭連合との関係について各閣僚に点検を指示したが、政治家と宗教との関わりは世界のどこでも普通のことである。政教分離は信教の自由を守るためにある。憲法では政府が特定の宗教に利益を与えることを禁じているが、政治が宗教と関係を持ってはいけないということでない。宗教団体を支持母体とする政党もある。

今回の事件で家庭連合は厳しい批判にさらされているが、正当な批判には謙虚に耳を傾け、改善すべき点は改善すべきである。とりわけ容疑者の家庭の崩壊を防げなかったことに深い反省を求めたい。

容疑者は11月まで鑑定留置となっているが、事件には謎も多い。家庭連合への恨みが、同連合に近いようだと判断されただけの政治家の殺害になぜ結び付くのか。安倍氏には少なくとも2発の銃弾が命中したが、致命傷を与えたとみられる銃弾が見つかっていない。容疑者の単独犯行なのか、協力者はいなかったのか。協力者がいれば事件の性格は大きく変わってくる。

政府攻撃の材料にするな

安倍氏銃撃事件は内閣改造にも影を落としている。野党が森友・加計問題のように政府・与党攻撃の材料にしようという意図は見え見えだ。戦後最大の政治家の死を政争の具とすることは許されない。

（8月26日）

メディアを斬る

安倍元首相銃撃、言論の暴力にも警備体制の不備にも触れない朝日

増　記代司

護憲派から罵詈雑言

安倍晋三元首相が凶弾に倒れた。日本丸は嵐の中で羅針盤を失った感がしたが、参院選結果は「死せる孔明、生ける仲達を走らす」の図で護憲政党が凋落し、改憲政党は3分の2を占めた。安倍氏の「日本を取り戻そう」が蘇る。

取り戻すべき日本を安倍氏は「美しい日本」と表現した。逆に言えば、戦後日本は「醜い日本」。国際社会の平和創出に汗を流さず、自国の守りすら他国に依存し、歴史と伝統を顧みず、人権と個人至上の鵺のような国—。いずれも現行憲法の所産だ。

安倍氏は改憲に政治生命を懸けたので護憲派からは蛇蝎のごとく嫌われた。「ペンは剣よりも強し」というが、安倍批判は悪意の刃を思わせた。安倍氏死亡を伝える各紙9日付の中

で唯一、読売は「『戦う政治家』安倍氏の首相退任後も中傷続々　批判が先鋭化・演説を妨害」とその異様さを取り上げ、こう書いた。

「(2015年の安保関連法案審議では) 野党共闘を主導した大学教授が『暴力をするわけにはいかないが、安倍に言いたい。お前は人間じゃない。たたき斬ってやる』と言い放った」

左派集団が選挙演説を妨害する活動も増え、19年参院選では札幌市内で演説中に男女2人が「安倍辞めろ」とヤジを飛ばし警官が制止。2人は「政治的表現の自由を奪われた」として北海道に損害賠償を求める訴訟を札幌地裁に起こし、今年3月に勝訴した。首相退陣後も「(ツイッターなどのSNS上では)『うそつきは安倍の始まり』『安倍死ね』との書き込みが行われている」と読売は指摘している。

これに産経が続き10日付主張で「言論と暴力　死守すべき自由とは何か」と問うた。

「言葉は時に、暴力ともなり得る。安倍氏ほど、ありとあらゆる罵詈雑言を浴びせられてきた政治家はいまい。メディアや識者、ネット空間に至るまで、さながら『安倍氏には何を言ってもいい』という免罪符があるかのような状況だった」

その上で産経は「安倍氏が亡くなった後も、犯行を支持、肯定し、被害者を揶揄(やゆ)するような匿名の投稿があふれている」とし、「『死ね』『シネバ』『氏ぬの』。こんな言葉の数々は死守すべき言論の自由に値するのか。暴力そのものではないか」と憤る。

警察に猛省迫る読売

札幌地裁判決では朝日は「裁かれた道警　許されぬ憲法の軽視」との社説を掲げて北海道警を断罪（3月29日付）、1面コラム「天声人語」は道警の警備を「ロシア流、ミャンマー流の弾圧を水で薄めただけ」と罵った（同27日付）。まさか警察は朝日の警備批判に恐れをなして手を緩めたか。そう邪推したくなる。

読売の前木理一郎編集局長は9日付1面で「一体、警備体制はどうなっていたのか。世界で最も治安が良いとされる日本で、参院選のさなか、2度首相を務めた人物が白昼堂々、銃で撃たれる」と嘆じ、「日本の『安全神話』を揺るがす国家的失態だ」と警察に猛省を迫っている。

さらに9日付社説は「要人警護の体制不備は重大だ」の見出しを立て、札幌地裁判決を俎上に載せ、「要人警護のあり方に検討の余地はあるにしても、容疑者がやすやすと至近距離まで近づいて発砲するまで、何の措置も取らなかったことなど、対応に不備があったのは明らかだ」とし、警備体制の検証を求めた。

何があっても反安倍

だが、朝日は安倍氏の身に何があっても反安倍で「言論暴力」にも「警備不備」にも触れない。９日付社説「民主主義の破壊許さぬ」の結論は「民主主義を何としても立て直す」だった。これは安倍氏の首相退陣表明時（20年８月）に朝日社説が言った「深く傷つけられた日本の民主主義を立て直す」（同29日付）のコピペだ。

安倍氏は６回の国政選挙で国民の信を得ているのに今なお認めないわけだ。これでは今回の参院選結果も「深く傷つけられた」と言い出しかねない。くわばらくわばら。（７月12日）

安倍氏銃撃、山上容疑者の逆恨みを煽ったのは「歪んだ情報」か

森田清策

重要な犯行動機解明

安倍晋三元首相が凶弾に倒れてから10日経った。テレビ、新聞、週刊誌、ネットなどあらゆるメディアに、事件に関する情報が溢れている。日本を代表する政治指導者が凶弾に倒れ、国内外に衝撃を与えたのだから当然のことだ。

だが、テレビのワイドショーでは、「コメンテーター」たちが真偽不明の情報を基に表面的な論評を繰り広げている。今回のような重大事件はメディアの質を露呈させるものである。

そんな中で、注目されるのが山上徹也容疑者の犯行動機。宗教団体に対する恨みがその団

体とつながりがあると思い込んで安倍氏に向かったという構図が浮かび上がるが、しかし教団への恨みと安倍氏襲撃との間にはあまりの距離がある。事件の全容解明はここが重要ポイントだが、現段階ではそこではなく、母親の献金問題、そして宗教と政治家との関わりだけがクローズアップされているのはメディアの宗教理解不足が一因だろう。

コメンテーターの論評が表面的だと指摘したが、この二つの点に関して冷静な発言もあった。11日、宗教法人「世界平和統一家庭連合」（家庭連合）の会長が記者会見し、母親が信者であることを説明したことを受け、ＴＢＳ「ゴゴスマ」で、元宮崎県知事の東国原英夫氏が次のように語った。

「献金に関しては、信教の自由があり、その範囲以内での自己責任、自主的な信仰だと思う」。また「政教分離を謳（うた）っているから、一定の距離を置かないといけない」とした上で、「宗教団体が掲げるイデオロギー的なもの、今回は世界平和だが、それに賛同する政治家は多いと思う」とも語っている。

政界に詳しい人間の間では、政治家がさまざまな宗教関連団体とつながりを持つことは常識だ。もちろん、法に触れることでもない。では、なぜ20年前の母親の献金問題から生じた家庭連合に対する容疑者の恨みが、今になって安倍氏襲撃につながったのか。

東国原氏は「どう考えても逆恨み、妄信（もうしん）、勘違い、自分の中の恨みが勝手に増幅されていったようなイメージ」と捉えているという。また同日放送の日本テレビ「ミヤネ屋」で弁護士の橋下徹氏は次のように語った。

犯罪は社会を映す鏡

「この特定の宗教団体と安倍さんとの関係がネット界隈で、あることないことが言われている」「社会的風潮でこの宗教団体と安倍さんとの関係が歪んで歪んで犯人に伝わったとしたら、本当に納得できない」。一部には、容疑者が「反安倍団体」と関わっており、〝洗脳〟されたのではないかという報道もあるが、その真偽は不明だ。

犯罪は社会を映す鏡でもある。家庭連合に対してだけでなく、安倍氏についても「アベ死ね」など、憎悪を煽る書き込みがネットに流れている。「銃や弾の作製方法はネットで入手した」との供述からすると、容疑者はネット情報に日常的に接していたとみていい。教団への恨みがネット情報で煽られ、さらにそれが安倍氏に向かったというのが実状に近いのではないか。こうしてみると、距離のある、この二つがつながった謎を解くカギはネット情報にしろ第三者に煽られたにしろ、〝歪んだ情報〟にあるのは間違いない。メディアはもっとここにメスを入れるべきだ。

その代わりにワイドショーが視聴率稼ぎのために取り上げるのが母親の献金問題。中でもその金額に関心が集まるが、適切な献金の在り方は、個人の内面と経済状況などから総合的に判断されるべきもので、社会通念だけでは語れない。信仰は個人の心の問題だから、信仰を持たない人間が理解するのは難しいのである。そこで問われるのが教団の信仰指導の在り方だ。

「憎悪」の原因検証を

家庭連合のホームページには「家族とは、『愛を育て、幸福と平和を学ぶ場所』」とある。安倍氏銃撃事件の背景に、容疑者の教団への恨みがあったとすれば、愛を育て、幸福と平和を学ぶ教団の足元で、なぜ異常なまでの憎しみが生まれてしまったのか。それを自ら検証して社会に対する説明責任を果たすとともに、教団の説く家族の在り方や世界平和への貢献にどう新たに取り組んでいくのかが、宗教指導者としての教団幹部に求められている。（7月18日）

安倍氏国葬、日本の左派言論の異様さを浮き彫りにした「朝日川柳」

増　記代司

哀悼の思い皆無の句

産経の1面コラム「産経抄」20日付に「朝日川柳」が取り上げられていた。「安倍氏と朝日新聞との長年にわたる対立関係はよく知られている。たとえそうであっても…と物議を醸しているのが、16日付朝刊に掲載された『朝日川柳』だ。〈疑惑あった人が国葬そんな国〉。この句を含めて採用された7句全てが、安倍氏が銃撃されて死亡した事件や国葬を揶揄（やゆ）する内容だった」

「朝日川柳」はオピニオン面の社説の下段に載っているが、16日付社説は「共産結党100年　次世代へ党開く変革を」と題して若い世代を同党に導く〝秘訣（ひけつ）〟を語っていたので、つい目を奪われ見落としていた。早速、紙面を見ると、なるほど揶揄の連発だった。

他の句を見ると、「忖度（そんたく）はどこまで続く　あの世まで」「国葬って国がお仕舞いっていうことか」「動機聞きゃテロじゃ無かったらしいです」「ああ怖いこうして歴史は作られる」など、「毒」を含む句ばかり。川柳と並んで「かたえくぼ」との欄があるが、それにも「『国葬』あれもこれも葬る場――新解釈辞典」とある。

ここには非業の死を遂げた元首相への哀悼のアの字もない。これは朝日ではないが、ネット上には「安倍が死んで幸せ無限大」というのもあった。これでは銃撃犯の凶行はテロでなく、元首相を葬った英雄扱いである。世界の259の国や地域、機関から1700件以上も弔意メッセージが寄せられているが、こうした世界の哀悼の思いと「朝日的揶揄」のギャップは日本の左派言論の異様さを浮き彫りにしている。

産経抄は「朝日にとって川柳欄は、自らの口からは言い出しにくいメッセージを発信する便利な存在なのだろう」と臆測している。朝日デジタル版には同欄について「投稿は趣旨は変えずに直すことがあります。採用分には謝礼をお送りします」とあるから、選者が手直しした句や朝日の意向を忖度した謝礼狙いの投稿もあったのか、と臆測したくなる。

本文以外で「毒」盛る

こうした朝日のやり方は今に始まった話ではない。本文記事でない所に「毒」を盛るのはお手のものだ。例えば、朝日の「声」欄では2004年に自衛隊がイラク特措法に基づいて人道復興支援でイラクに派遣されると、「兵士の墓標」を連想させるイラストを掲載し、自衛官と家族を愚弄したことがある（同2月1〜4日付）。

朝日の夕刊題字下に「素粒子」という欄があるが、2008年に鳩山邦夫法相（当時）が連続幼女殺害犯の宮崎勤らの死刑執行を命じたところ、こう書かれた。「永世死刑執行人鳩山法相。『自信と責任』に胸を張り、2カ月間隔でゴーサイン出して新記録達成。またの名、死に神」（同6月18日付）。

刑事訴訟法は6カ月以内の刑執行を定めており、それに則った鳩山法相は「死に神」呼ばわりされた。これに対して「全国犯罪被害者の会」から「遺族をも侮辱する内容」として抗議されたが、「適切さを欠いた表現だった」と釈明するだけで謝罪しなかった。

16年には「保育所落ちた日本死ね」というブログ投稿を野党や朝日などの左派メディアが安倍批判で盛んに使ったが、「死ね」といった憎悪をまき散らし、それが「正義」であるかのような風潮が今回の事件の背景にありはしないか。そんな疑念を抱かせる。

保守政治家の真骨頂

安倍元首相は昨年４月、都内での講演会で朝日の報道について「なかなか、捏造体質は変わらないようだ」と批判し、若手議員への教訓として「私は（衆院）当選３回のときから批判されてきた。ずっと批判され続けても首相になったので君らもしっかり批判されろと言っている」と述べている（毎日・同23日付）。

死してもなお、朝日に揶揄され、国葬に反対されるのは安倍氏にとっては本望というべきか。保守政治家の真骨頂を知る感がする。改めて哀悼の意を捧げたい。

（７月26日）

真相解明は棚に上げ、昔はスパイ防止法潰し今は改憲潰しを図る朝日

増　記代司

左派紙も朝日に同調

読売編集委員の片山一弘氏は自身が選者を務める「よみうり時事川柳」の７月掲載分から印象に残ったものを紹介している（31日付「川柳うたた寝帳」）。「海外に安倍氏のレガシー教えられ」「国葬の喧騒よそにただ悼む」。安倍晋三元首相を嘲る朝日元論説委員の「朝日川

柳」とは対照的に哀悼の思いが滲(にじ)んでいた。

その読売31日付に銃撃事件で逮捕された山上徹也容疑者が、「（安倍氏の首相在任中の）2019年以前にもツイッターで安倍氏の殺害を示唆する投稿をしていたことが関係者への取材でわかった」と報じている。従来の報道では21年9月の関連団体へのビデオメッセージが動機とされた。それが2年も前から殺意を抱いていたとすれば、犯行の動機は単に母親の宗教をめぐってだけなのか、疑問も生じる。それだけに殺意や背景の予断は厳に慎むべきだろう。

だが、一部メディアは真相解明を棚に上げ世界平和統一家庭連合（旧統一教会）や関連団体に焦点を当て、「統一教会の霊感商法」などと過去の話題を持ち出し批判している。新聞では朝日社説が「旧統一教会　政治との関わり解明を」（22日付）と口火を切ると、毎日は「自民党と旧統一教会　関係の清算を強く求める」（27日付）と信教や思想の自由にお構いなしに清算を唱えた。

さらに共同通信が地方紙の論説原稿用に「問われる政治の自浄能力」を配信すると、東京「政治への関与究明せよ」（28日付）、沖縄タイムス「国会で説明責任果たせ」（同）などと地方紙が続いた。いずれも左派リベラル紙で朝日への同調姿勢が顕著だった。これに呼応するように「全国霊感商法対策弁護士連絡会」（全国弁連）に関係する弁護士らが盛んにテレビ出演し自民党批判を繰り広げている。

80年代と同様の構図

この構図は１９８０年代の霊感商法騒動とウリ二つだ。35年も前の話で知らない向きも多いだろうが、もともと「霊感商法」の命名は日本共産党機関紙「赤旗」（当時）だ。同党と対峙していた教会関連団体の「国際勝共連合」の資金源と見なし、このレッテルを貼り、攻撃したのが始まりだ。

その動機はスパイ防止法潰しである。同連合が推進するスパイ防止法制定を求める地方議会決議が全自治体の過半数に迫り、これに危機感を抱いた共産党は85年５月、党中央委員会に「国家機密法対策委員会」を設け、反スパイ法運動の指令を発した。

新聞労連は同年７月の第35回定期大会でスパイ防止法案粉砕を決議。日弁連は「国家機密法対策本部」を設け、朝日は社を挙げてスパイ防止法潰しに動き、86年11月25日朝刊では全紙面の半分を割いて反対特集を組んだ。

霊感商法をクローズアップさせたのも朝日で、左翼のバイブルとされた『朝日ジャーナル』で同年12月５日号から批判キャンペーンを展開。これに応じる形で87年２月に被害弁連が結成記者会見を開き、これを朝日が大きく報じて社会問題化させた。

当時の資料を見ると、「霊感商法被害者救済弁護士連絡会」（現、全国弁連）会長の伊藤和夫氏は日弁連の「国家機密法対策本部」副本部長で、自由法曹団（共産党系）や社会文化法律センター（旧社会党系）常任理事に名を連ね、事務局長の山口広弁護士は社会文化法律センター、総評弁護団に加わり成田闘争第二要塞事件裁判などを手掛けた、ばりばりの左翼弁護士だ。被害弁連に関わった191人の弁護士のうち99人が共産党系で、他は大半が社会党系。被害弁連の呼び掛け人34人のうち19人は連合赤軍事件など過激派裁判に携わる弁護士だった。

左翼弁護士が〝共闘〟

それがまたぞろ、である。自由法曹団や社会文化法律センター、日本民主法律家協会、青年法律家協会（青法協）などの左翼弁護士集団は「改憲問題対策法律家6団体連絡会」を結成し、改憲阻止へ旧統一教会と自民党保守派批判の声を強めている。

昔はスパイ防止法潰し、今は改憲潰し。その鐘を鳴らすのは、昔も今も朝日なのだ。

（8月2日）

第2章

暴走するメディアと全国弁連の欺瞞

「まるで魔女狩り」 朝日新聞が〝密告〟促すアンケート

朝日新聞が全国の都道府県議に対し行っている「旧統一教会に関するアンケート調査」の内容を本紙はこのほど入手した。世界平和統一家庭連合（旧統一教会）および関連団体と都道府県議員との関係を具体的かつ詳細に問い、関係のあった議員に対しては「今後の関係を見直しますか」といった選択を迫る問いを設けている。また、希望者には匿名を認め、「問題があると思う議員の行為などの情報があればご記入ください」という情報提供まで呼び掛け、関係のある議員を〝密告〟することまで促している。アンケートを受け取った議員からは、「不快な魔女狩りだ」との声が上がっている。

「アンケート調査」はメールで各議員に送られ、19の設問に記入後、返信される仕組みとなっている。関連団体には「国際勝共連合、天宙平和連合、平和大使協議会、世界平和連合、世界平和女性連合、世界日報、全国大学原理研究会、国際ハイウェイ財団などがある」とし、「旧統一教会や関連団体から、運動員派遣などの選挙支援を受けたことがあるか」「イベントに、出席・祝辞・祝電等の関わりを持ったことはあるか（秘書を含む）」「旧統一教会や関連団体、関係者から、献金を受けたりパーティー券を買ってもらったりしたことがあるか」といった質問に「はい、いいえ、わからない」の3択で回答する形。

「はい」と一つでも答えた議員に対しては「詳細や関わりを持った理由」まで回答を求め、「統

【都道府県議向け】旧統一教会に関するアンケート調査

アンケートの完了までに約４分かかります。
※旧統一教会の関連団体としては「国際勝共連合」「天宙平和連合」「平和大使協議会」「世界平和連合」「世界平和女性連合」「世界日報」「全国大学原理研究会」「国際ハイウェイ財団」などがあります。

＊必須

1. 氏名 ＊

回答を入力し

2. 都道府県 ＊

○ 北海道

【都道府県議向け】旧統一教会に関するアンケート調査

＊必須

設問

6. 旧統一教会や関連団体から、運動員の派遣などの選挙支援を受けたことはありますか ＊

○ はい

○ いいえ

朝日新聞が全国の都道府県議向けに行っている「旧統一教会に関するアンケート調査」

一教会」から「世界平和統一家庭連合」への名称変更の影響があったかや「何らかの依頼や要求を受けたか」を問い、さらに、その中身について追及している。

アンケートを受け取ったある県議は「極めて不愉快なアンケートだ。まるで魔女狩りだ。日頃人権を重視するという新聞が、差別と人権侵害の先頭に立っている」などと憤慨。報道機関である世界日報も含まれていることについては、「政治家としてその取材に応じるのは当然の行為で、それをメディアが問題にするのは信じがたいことだ」と語った。

また、渡辺康平・福島県議は、19番目の質問の「問題があると思う議員の行為などの情報があればご記入ください」という内容について、「これは仲間を売れということか。さすが朝日新聞、まるで共産主義の密告制度並みだ」（ツイッター）「朝日新聞が左翼がかっているとかよく言われている。左翼と言えば共産主義、共産主義と言えば、ソ連、中国共産党、北朝鮮であったり密告が大好きな国々と似た体質があるのかと疑いたくなる」（ユーチューブ）と批判している。（9月2日）

TBS「報道特集」 反統一教会活動家との〝接点〟

最高裁で違法性確定 〝拉致監禁〟実行者を出演させる

民放テレビ局TBSが看板番組「報道特集」をめぐり、報道機関としての資格が問われる事態に陥っている。世界平和統一家庭連合（旧統一教会＝教団）批判特集で、過去に信者を長期にわたって拉致監禁し強制改宗を行った親族（元信者）を登場させたことに対して、被害者が質問状と抗議文を送った。しかし、TBSは回答と謝罪を拒否した。なぜ悪質な人権侵害の加害者を出演させたのか。その背景を追った。（世界日報特別取材班）

＊　＊　＊　＊

9月1日付でTBSに抗議文を送ったのは教団の信者で、「全国拉致監禁・強制改宗被害者の会」代表の後藤徹氏（58）。後藤氏は1995年9月から2008年2月までの12年5カ月間、信者の間で「職業的脱会屋」として知られる宮村峻氏とキリスト教牧師の松永堡智氏の指導を受けた兄夫婦らによって拉致監禁された上で脱会を強要された被害者だ。その違法性は親族だけでなく宮村、松永両氏についても２０１５年、最高裁判決で確定している。

８月27日の「報道特集」は、１９８８年から97年の間に教団の合同結婚式に参加し、その後、脱会・離婚した元信者（女性）５人を出演させた。その内容は「合同結婚式は、この教団の人権侵害の最たるもの」などと、合同結婚式と教団を批判するものだった。抗議文によると、出演者のうち「洋子」と名乗る女性が後藤氏に対する「異常な人権侵害」を行った実行行為者の一人、兄嫁だった。

後藤氏に対する人権侵害の悪質さは期間の長さだけではない。監禁末期、兄夫婦から十分な食事を与えられなかった結果、栄養失調状態に陥った。このため、監禁されていた東京・荻窪のマンションから解放された時、身長１８２センチの体はやせ細り、体重は約50キロまで落ち、全身筋力低下、廃用性筋萎縮症と診断された。これらは裁判で認定された事実だ。

このため、後藤氏は抗議文で「私を監禁して異常な人権侵害を行い、その行為の違法性が最高裁において確定した人物を出演させながら、その非人間的な人権侵害について謝罪の弁を述べさせるなどのことは一切せず、家庭連合に対する一方的な批判をさせ、その発言を公共の電波で流した」と憤りを露(あら)わにした。そして、公正中立な報道を逸脱しているＴＢＳには「公共報道機関としての資格はない」と痛烈に批判している。

その上で、①出演した元信者５人の人選プロセス、特に宮村氏の関与の有無②兄夫婦も拉致監禁され、無理やり信仰を捨てさせられた過去があるが、他の４人も同様の手段によって棄教したのではないか③最高裁で違法性が確定した人権侵害について一切報道しないのはなぜか④TBSは公共の電波を用いて宗教弾圧を行っているだけではないか。そうではないというなら理由を説明してほしい――の4項目の質問に対する回答と後藤氏自身と視聴者への謝罪を求めた。

教団によると、1960年代からこれまでに約4300人が強制脱会の被害に遭っている。中でも、80年代と90年代は、教団信者に対する強制脱会を目的とした拉致監禁が多発した時期。年間300件を超える年もあった。後藤氏の兄嫁をはじめ出演した5人はすべてこの期間に合同結婚式に参加しその後、脱会した元信者だ。被害の中には、宮村氏が関与したケースが相当数ある。

従って、質問状にあるように、兄嫁だけでなく、残りの4人のうち何人か、あるいは全員が拉致監禁によって脱会した可能性と、番組出演に宮村氏が関与したと考えることには十分合理性がある。

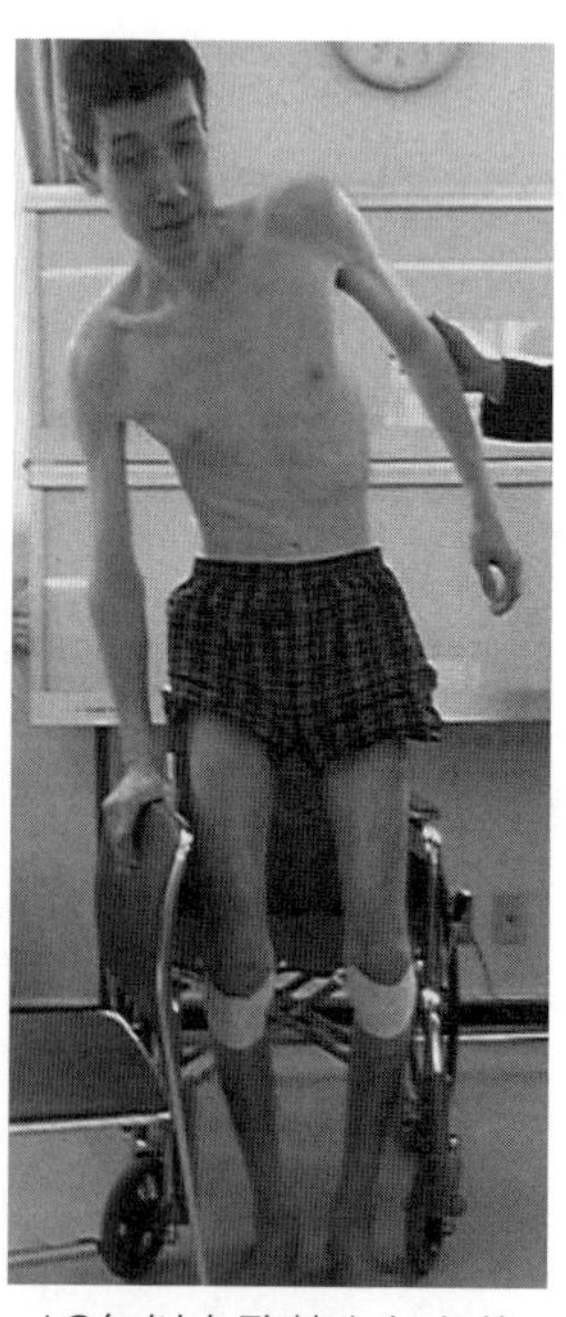

12年以上監禁された後藤徹氏は2008年2月に解放された時、極度の飢餓状態に陥っていた（米本和広氏撮影）

だが、TBSは先月7日付で、質問についての回答も謝罪も拒否することを通知してきた。これに対して後藤氏は「TBSの人権感覚を疑う」としながら、

「当会はかつて海外の人権擁護家らと連携し、拉致監禁による脱会強要を撲滅すべく国連にまで働き掛け、その結果、２０１４年7月に国連自由権規約人権委員会が日本政府に対して人権勧告を発するまでに至った経緯がある。今回のＴＢＳの報道姿勢についても、海外の有識者や人権擁護家らを含め、広く世に問うていく」としている。

本紙もＴＢＳに対して、元信者の出演に宮村氏の協力があったか、同氏が最高裁判決で違法性が確定した脱会強要に関与していたことを知っていたかなどを確認する質問状を送ったが、先月27日付で「放送あるいは配信したこと以上の答えはしていない」と説明を避ける書面を送ってきた。

（10月6日）

棄教の〝踏み絵〟に〝強制〟出演

立憲民主党は8月18日、「旧統一教会被害対策本部」の第7回会合を開いた。その時の内容を公開した党のウェブサイトによると、12年5カ月間にわたる後藤徹氏（「全国拉致監禁・強制改宗被害者の会」代表）に対する拉致監禁による強制改宗に関与した宮村峻氏を「旧統一教会からの脱会を支援してきた」と紹介し、「被害の実態と課題」を聞いている。

その中で、同席した同本部特別参与、有田芳生氏（ジャーナリスト）から、宮村氏について「多くの信者の脱会に多大な力を尽くしているとともに、今メディア等で元信者が発信をしていることも、宮村さんが大きく働いている」という趣旨の紹介があったことを明らかにしている。

宮村氏についてのこの紹介は、世界平和統一家庭連合（旧統一教会）に対するTBS「報道特集」の批判報道を考える上で、重要な意味を持つ。後藤氏がTBSに送った質問のうち①出演した元信者5人の人選プロセス、特に宮村氏の関与の有無――もここにつながってくる。

教団に関する「報道特集」で、その取材プロセスと報道の中立・公平性が問われるケースは、後藤氏が抗議の対象とした番組（8月27日放送）が初めてではない。「世界日報」は2010年から14年まで、後藤氏に対する拉致監禁をはじめとした教団信者に対する強制改宗の非人道性、違法性を追及した長期連載「〝拉致監禁〟の連鎖」（番外を含む）を掲載した。

その中で、TBSの取材に宮村氏が関与したとする強制改宗被害者の証言が幾つか出てくる。その代表例は医師・小出浩久氏のケースだ。同氏も後藤氏と同じで、親族のほか宮村氏、キリスト教牧師の松永堡智氏によって、1992年から2年間、東京、新潟と監禁場所を転々としながら改宗を強要された被害者だ。

連載に掲載した小出氏の手記に次のような場面がある。監禁されながら「偽装脱会」（監禁からの解放目的に脱会を装う行為）の中で、弟の結婚式への参席を希望した同氏に対して、宮村氏は参席を認める条件としてTBS番組に出演し、教団との「対決姿勢をはっきりと示

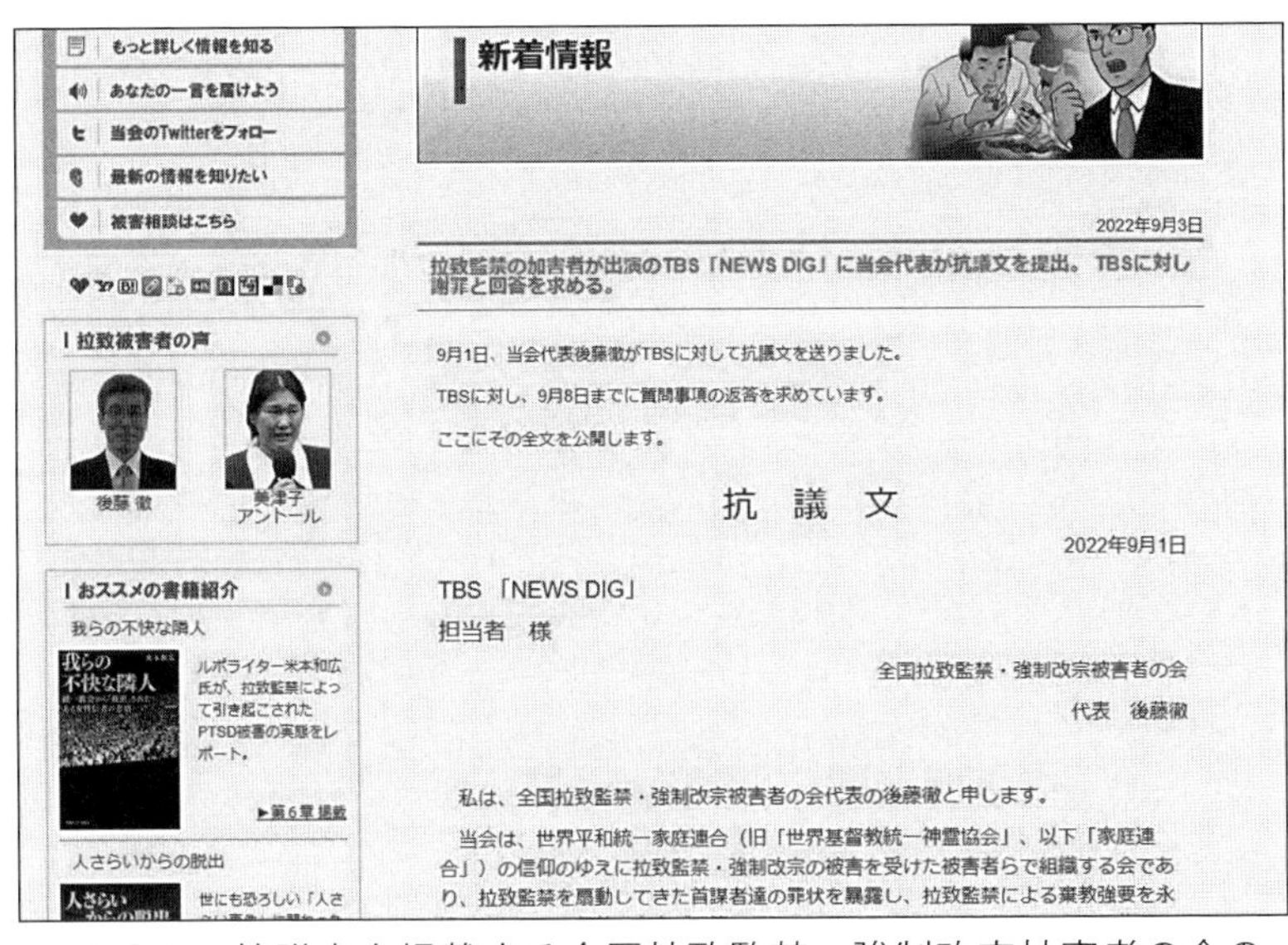

もっと詳しく情報を知る
あなたの一言を届けよう
当会のTwitterをフォロー
最新の情報を知りたい
被害相談はこちら

拉致被害者の声
後藤 徹
美津子
アントール

おススメの書籍紹介
我らの不快な隣人
ルポライター米本和広氏が、拉致監禁によって引き起こされたPTSD被害の実態をレポート。
▶第６章 掲載
人さらいからの脱出
世にも恐ろしい「人さ

新着情報

2022年9月3日

拉致監禁の加害者が出演のTBS「NEWS DIG」に当会代表が抗議文を提出。 TBSに対し謝罪と回答を求める。

9月1日、当会代表後藤徹がTBSに対して抗議文を送りました。

TBSに対し、9月8日までに質問事項の返答を求めています。

ここにその全文を公開します。

抗　議　文

2022年9月1日

TBS 「NEWS DIG」
担当者　様

全国拉致監禁・強制改宗被害者の会
代表　後藤徹

私は、全国拉致監禁・強制改宗被害者の会代表の後藤徹と申します。

当会は、世界平和統一家庭連合（旧「世界基督教統一神霊協会」、以下「家庭連合」）の信仰のゆえに拉致監禁・強制改宗の被害を受けた被害者らで組織する会であり、拉致監禁を扇動してきた首謀者達の罪状を暴露し、拉致監禁による棄教強要を永

TBSへの抗議文を掲載する全国拉致監禁・強制改宗被害者の会のホームページ

す」ことを挙げてきた。信者の強制改宗に長年関与してきた宮村氏らは、偽装脱会を見破る〝踏み絵〟を幾つか用意していた。その一つがメディアの取材に応じ教団を批判させることだった。

そのＴＢＳの番組が「報道特集」と知った小出氏は当時、偽装脱会状態にあったので、テレビ局の録画撮りを拒否できる状況ではなかった。解放が遠のくからだ。そして、手記は次のように記している。

「宮村氏は私がテレビに出る際の『心得』として、統一教会に対する敵愾心や怒りを持つように、と指導までしてきました。私のＴＢＳ出演の裏舞台では、こうした脅迫まがいの工作による〝強制〟出演があったのです」

小出氏は自身の強制改宗の体験をまとめた著書『人さらいからの脱出』（１９９６年、

光言社）を出版した。その中でさらに興味深いことを明らかにしている。

松永氏が車を運転し録画の打ち合わせ場所に向かう場面がある。小出氏と宮村氏、そしてＴＢＳスタッフが同乗した。移動途中、ディレクターの氏家真理氏（当時）は「宮村さんから統一教会関係のことをいろいろと指導してもらっている」と話し掛けてきた。

また、録画撮りの後、お茶を飲んでいた時、スタッフは「宮村さんとは、かなり長い付き合いになりますね。本当に宮村さんの統一教会への攻撃は大したものですよ。今度宮村さんの特集番組でも作りたいですね」という趣旨の話をしていたという。

本紙連載に際して当時の「宗教の自由」取材班は、ＴＢＳに取材を申し込んだが、無回答だった。また、小出氏によると、著書の内容についてはどこからも抗議はなかった。

宮村氏と「報道特集」に出演した兄嫁は後藤氏に対する拉致監禁に関わって責任を問われた旧知の仲。番組で中心的に教団の合同結婚式批判を行ったのは兄嫁だった。

また、「多くの信者の脱会に多大な力を尽くして」きたと立憲民主党のウェブサイトにあるように、宮村氏は最高裁で違法性が確定した後藤氏に対する強制改宗だけでなく、他の多くの強制改宗にも関与しており、番組に出演した他の元信者４人も知っていたとしても不思議ではない。これらの事実に、メディアにおける元信者の発信に宮村氏について「大きく働いている」とした有田氏の説明を重ねると、「報道特集」の背後に脱会屋・宮村氏の影が色濃く浮かび上がってくる。

（10月7日）

公正中立欠き「放送基準」逸脱か

ＴＢＳが会員となっている日本民間放送連盟（民放連）は「放送によって傷ついたり不快な思いをする方が出ないよう、各社が『番組基準』を策定する際の参考」として、共通のルール「放送基準」をまとめている（公式ウェブサイト）。

そこでは「報道の責任」として次のように定める。「取材・編集にあたっては、一方に偏るなど、視聴者に誤解を与えないように注意する」。また「宗教」の項目では、「信教の自由および各宗派の立場を尊重し、他宗・他派を中傷、ひぼうする言動は取り扱わない」、さらに「宗教の儀式を取り扱う場合、またその形式を用いる場合は、尊厳を傷つけないように注意する」としている。

「報道特集」（8月27日放送）は世界平和統一家庭連合（旧統一教会）の宗教儀式「合同祝福結婚式」（合同結婚式）に30年ほど前に参加したものの、その後脱会・離婚した元信者（女性）5人が出演。キャスターの1人、膳場貴子氏が彼女たちから「知られざる結婚の裏側や教団の実相」を聞いた上で、「合同結婚式は、この教団の人権侵害の最たるものだなと思った」と断罪した。

元信者たちは韓国人と結婚し、地方の農家に嫁いで貧困生活を強いられたり、夫の暴力的行為に苦しめられたりするなど、自身の体験を語った。

後藤徹氏（「全国拉致監禁・強制改宗被害者の会」代表）に対する12年5カ月に及んだ拉致監禁の加害者で、5人の中で最もよく話した兄嫁も「相手の人の顔とか雰囲気を見た時、全然タイプじゃなかったので、『えっ』と正直思った」と、結婚相手に葛藤を覚えたことを述べた。しかし、「韓国人に嫁ぐということは、王子様が捨てられたような犬をお嫁にしてもらうような立場で、本当に光栄だという話」を聞かされていたので、葛藤を打ち消して結婚相手を受け入れたと説明した。

膳場氏はこうした元信者たちの話を前提に「教団はカルト的な思考回路によって信者が辛さを感じない状態にした上で、見知らぬ人との結婚で心身ともにリスクを負わせる。人によっては取り返しのつかない人生を破壊されたというケースもある」と語り、合同結婚式と信者の信仰を否定した。

これに対して、後藤氏はＴＢＳに送った抗議文の中で、自身に対する拉致監禁の加害者である兄嫁を出演させただけでなく、その深刻な人権侵害について謝罪させることなく「家庭連合に対する一方的な批判をさせ、その発言を公共の電波で流した」「（違法行為の）実行行為者を動員して家庭連合叩きに奔走する貴社の報道は、公正中立と言えるのか」と疑念を呈した。しかし、ＴＢＳはその質問には何も答えなかった。

家庭連合のウェブサイトによれば、合同結婚式は「全世界から集まった男女が、宗教・宗

2020年2月、世界平和統一家庭連合の「孝情文化祝祭」で催された結婚式（韓国京畿道、森啓造撮影）

派、思想、民族や国境の壁を越え、神様を中心とした家庭を築くために神様を中心とした結婚式を執り行うもの」。その教えを信じて参加しても、番組に登場した元信者たちのように、結婚が破綻したケースはあったのだろう。幸福になれなかった人たちに寄り添うことは大切なことだ。教団のケアに不十分な点があったことを指摘し、対応に改善を求めることは報道機関の役割でもある。

一方、韓国には合同結婚式に参加し韓国人男性と家庭を築いている日本人妻は数千人存在することは番組も紹介した。

その現役信者たちを「カルト的な思考回路」で辛さを感じない状態にさせられた〝犠牲者〟とどうして言えるのか。過去に脱会・離婚した元信者の証言だけで、教団の儀式を「人権侵害の最たるもの」と断じることは、合同結婚式に参加し幸せな家庭を築いている信者の内心を踏みにじる言動ではないのか。教団による人権侵害を語る一方で、多くの現役信者の人権を無視するのはダブルスタンダード（二重基準）である上、宗教儀式の尊厳を傷つけることを戒めた放送基準にも抵触する。

しかも、後藤氏らがＴＢＳに送った質問状にあるように、拉致監禁されて信仰を捨てさせられた兄嫁と同じように、他の４人も強制改宗によって棄教し、また番組出演に「脱会屋」の宮村峻氏が関与していたとすれば、彼女たちの発言の意味は大きく違ってくる。

立憲民主党の「旧統一教会被害対策本部」の会合で、宮村氏が多くの信者の脱会に力を尽くすとともに、今メディアで元信者が発していることに「大きく働いている」と紹介されたこと、ＴＢＳが後藤氏や視聴者への謝罪といずれの質問にも回答しなかった事実を考え合わせると、質問の最後にあった「貴社は公共の電波を用いて宗教弾圧を行っているだけではないのか」という疑念は深まるのである。

（10月8日）

共同通信が〝魔女狩り〟アンケート　全国の知事、議員、政令市長に

共同通信が現在、全国の都道府県の知事、議員、政令市長に対して行っている「世界平和統一家庭連合（旧統一教会）に関するアンケートのお願い」の内容を、本紙はこのほど入手した。朝日新聞が今夏実施したアンケートのように「問題があると思う議員の行為の情報」

まで無記名で提供を求めた密告を促す質問こそないものの、魔女狩り的な九つの質問を連続。最後に「解散命令請求をするべきだと思うか」を４択で問い、その理由についても記入するよう求めている。アンケートを受け取った議員らからは「憲法が保障する信教の自由を侵す不適切な質問だ」など批判の声が噴出している。

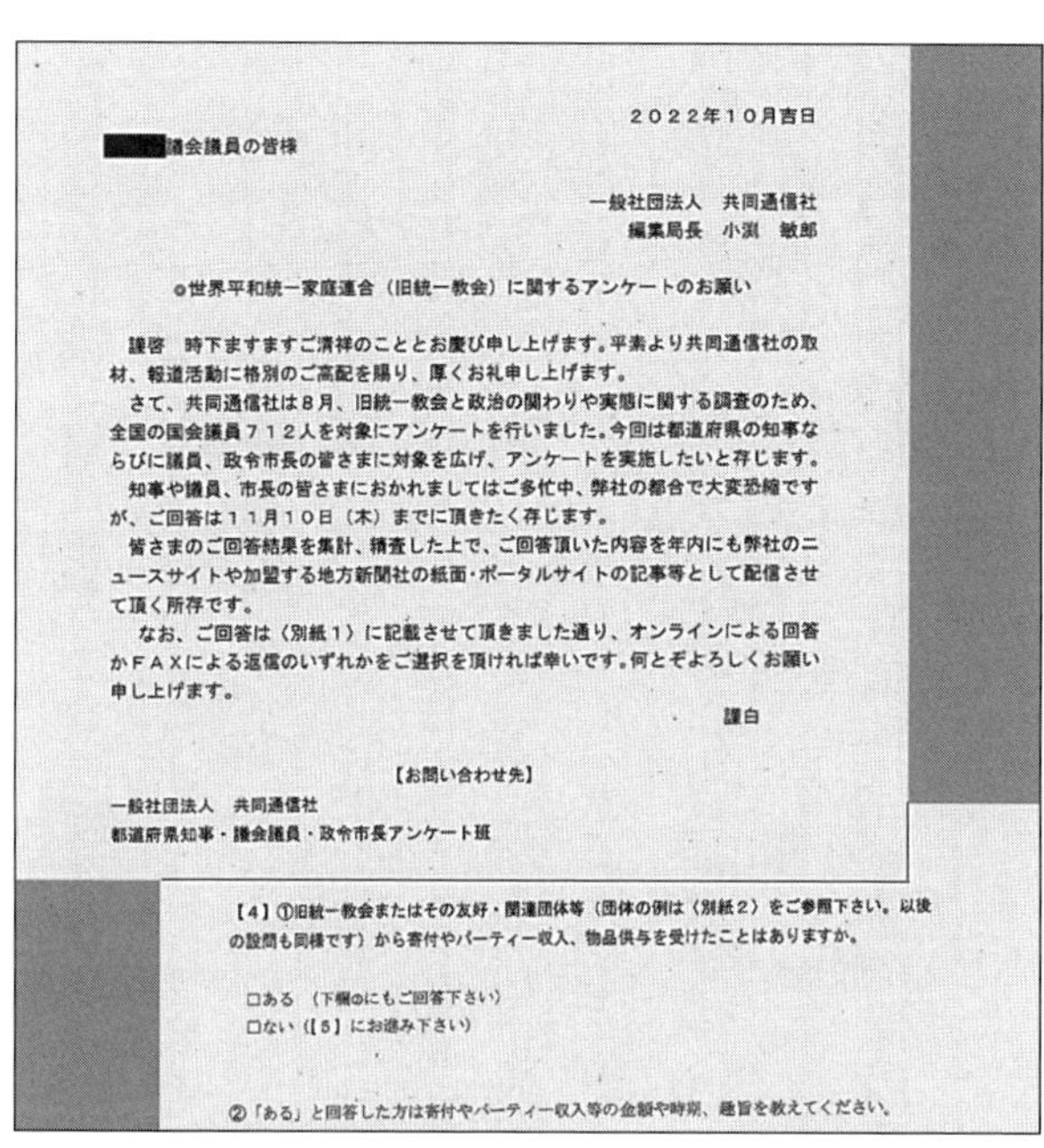

２０２２年１０月吉日

議会議員の皆様

一般社団法人　共同通信社
編集局長　小渕　敏郎

◎世界平和統一家庭連合（旧統一教会）に関するアンケートのお願い

謹啓　時下ますますご清祥のこととお慶び申し上げます。平素より共同通信社の取材、報道活動に格別のご高配を賜り、厚くお礼申し上げます。

さて、共同通信社は８月、旧統一教会と政治の関わりや実態に関する調査のため、全国の国会議員７１２人を対象にアンケートを行いました。今回は都道府県の知事ならびに議員、政令市長の皆さまに対象を広げ、アンケートを実施したいと存じます。

知事や議員、市長の皆さまにおかれましてはご多忙中、弊社の都合で大変恐縮ですが、ご回答は１１月１０日（木）までに頂きたく存じます。

皆さまのご回答結果を集計、精査した上で、ご回答頂いた内容を年内にも弊社のニュースサイトや加盟する地方新聞社の紙面・ポータルサイトの記事等として配信させて頂く所存です。

なお、ご回答は〈別紙１〉に記載させて頂きました通り、オンラインによる回答かＦＡＸによる返信のいずれかをご選択を頂ければ幸いです。何とぞよろしくお願い申し上げます。

謹白

【お問い合わせ先】
一般社団法人　共同通信社
都道府県知事・議会議員・政令市長アンケート班

【４】①旧統一教会またはその友好・関連団体等（団体の例は〈別紙２〉をご参照下さい。以後の設問も同様です）から寄付やパーティー収入、物品供与を受けたことはありますか。

□ある　（下欄②にもご回答下さい）
□ない（【５】にお進み下さい）

②「ある」と回答した方は寄付やパーティー収入等の金額や時期、趣旨を教えてください。

共同通信の都道府県会議員アンケートの一部

今回のアンケートは、国会議員７１２人に行った8月の調査に続くもの。「旧統一教会を巡り、霊感商法や献金の問題、地方や中央政治との関わりが広く指摘されていること、また岸田文雄首相が宗教法人法に基づく調査に乗り出す方針を決めたことから実施」するとし、「編集局長小渕敏郎」の名前で出され、回答期限を11月10日としている。

質問対象は旧統一教会にとどまらない。「友好・関連団体」との定義も示さずに「天宙平和連合、世界平和連合、原理研究会、世一観光、平和大使協議会」など多数の組織を挙げ、「寄付やパーティー収入、物品供与を受けたことがあるか」や「旧統一教会等が掲げる政策を推進するよう『推薦確認書』の提示を受け、署名を求められたことがあるか」といったことにまで回答を要求。あった場合にはその金額や時期、趣旨、署名を求めてきた団体等の名称と時期を記すよう求めている。

報道機関であり一般紙の世界日報についても「関連団体」に含め、「インタビューや対談記事などが掲載されたことはあるか」などとし、あった場合には「媒体名と取材・掲載時期」を教えるよう質問している。本紙は、大臣会見や政党記者会見で共同通信らと席を同じくし社名を名乗って質問もしてきた。ある県議は「報道機関からの取材を政治家が受けることが問題なのか。自らが報道の自由に抵触していることに気づいていないのではないか」と指摘している。

また、西日本のある県議は、「憲法で保障されている信教の自由、内心の自由を侵すような内容のアンケートを送りつけてくること自体異常で、報道機関としての見識を疑う。『旧統一教会の解散命令請求をすべきだと思うか』という質問があるが、まだ調査段階である問題に対して、先走った判断を促す極めて不適切な質問まで含まれている。まったく答えるに値しない」と憤慨している。

（11月8日）

全国弁連「霊感商法被害」の実相

多くの緊急課題が山積する中、国会では世界平和統一家庭連合（家庭連合）による被害の救済策や教団への解散命令をめぐる議論が過熱している。その前提となってきた教団の過去のトラブルに関する情報は、ほとんどが全国霊感商法対策弁護士連絡会（全国弁連）によるもので、特に霊感商法の被害については独占的に情報を提供し、世論形成を主導してきた。しかし、その統計資料には大きな問題が潜んでいることが明らかになった。（世界日報特別取材班）

昨年の「被害」は２件91万円　09年以降明らかに減少傾向

「霊感商法は摘発と法改正でやりにくくなったため、既存信者からの献金への比重を大きくしたと思われます。それでも全国弁連には昨年、印鑑が九件、壺で五件の相談がありました。〇九年以降の被害も含まれています」

全国弁連事務局長の川井康雄弁護士は、「週刊文春」10月６日号掲載のフリーライター石井謙一郎氏による「太田光さん　これを読んで！『統一教会』何が問題なのか」の記事の中で、このように述べている。

川井氏がことさら「〇九年以降の被害」に言及したのは、旧統一教会が２００９年、信徒による「霊感商法」関連の刑事事件の発生などを重く見て、「教会員が法令を遵守し、公序良俗に反する行いが無いように教団が責任をもって指導することを宣言した」（7月17日付教団声明文）ためだ。

いわゆる「コンプライアンス宣言」だが、教団が教会指導者に対し①物品販売活動に関わらない②献金と先祖の因縁等を結びつけたり、霊能者の霊能力を用いた献金奨励・勧誘行為をしない③献金先が統一教会であることを明示して受け取り、自由意志を尊重し過度な献金とならない――ことなどを注意・指導し、法令順守の徹底を期したものだ。

いわゆる「霊感商法」と関連して、大理石壺と多宝塔については既に輸入販売会社が１９８７年3月末をもって輸入・販売を中止し、信者の販売組織（92年に解散）も同時期に壺・多宝塔の販売を一切停止した。その後、一部の信者らが販売会社で印鑑や風水商品（水晶玉など）を販売し、２００７年ぐらいから特定商取引法違反事件（刑事事件）が数件続いた。そのため09年に卸業者が印鑑や風水商品などの取り扱い中止を通達し、教団は法令順守（コンプライアンス）を徹底するよう指導したのだ。

このため、信者が関わった同法違反による摘発は10年１・2月（大分）と7月（東京）以降は起こっておらず、これは全国弁連の資料でも確認できる。いわゆる霊感商法については、「信徒による関連物品の販売自体が行われておらず、隠れて販売するなどの宣言破りでもない限り、事件の起こりようがない」（教団関係者）わけだ。

家庭連合の勅使河原秀行・教会改革推進本部長が９月22日の記者会見で、「私の認識では、09年以降、霊感商法というものは１件もない」と表明したのは、このような経緯を踏まえてのことだという。

川井氏はこれに対して、09年以降も霊感商法の被害がありますよと全国弁連の統計を用いて反論しているのだ。ただ、その統計を見ても09年以降、「被害」の減少傾向は明らかだ。しかも、川井氏の指摘には事実誤認がある。全国弁連の被害統計によると、昨年（21年）の印鑑と壺の被害件数は各々１件ずつで、印鑑９件、壺５件（そのほか仏像１）の被害は一昨年（20年）のものだ。つまり、川井氏の発言は「全国弁連には昨年、印鑑が一件、壺で一件の相談がありました」と訂正されなければならないのだ。

全国弁連はコンプライアンス宣言後の10年から21年までの12年間に２８７５件（年平均２４０件）の被害相談があり、被害額は約１３８億円（同11億５千万円）に及ぶと発表してきた。それと比べ川井氏が述べた被害件数は昨年はもとより、一昨年でも驚くほど少ない。被害額も、20年は仏像１件（１５０万円）を含めても２２７８万円、21年は91万円しかない。

献金、内訳不詳で「被害」水増し

同じ全国弁連の主張に、どうしてこのような違いが生まれるのか。それは、川井事務局長は「霊感商法の被害」と「献金（の被害）」とを分けて語っているが、全国弁連が通常語る「霊感商法の被害」には「献金などの被害」も含まれているためだ。

例えば、20年の統計を見ると、被害件数（括弧内は被害金額＝千円以下四捨五入）は総計214件（9億1807万円）だが、そのうち献金・浄財が141件（8億32万円）、内訳不詳・その他が46件（8703万円）で、この2項目の合計が件数で87・4％、金額では96・6％も占めている。

21年はもっと極端で、総計は20件（3億3153万円）だが、献金・浄財が8件（8796万円）、内訳不詳・その他が8件（2億4195万円）と、この2項目の合計が件数で8割、金額では実に99・5％を占めている。

いわゆる「霊感商法」については、1987年5月21日に当時の警視庁生活経済課長が国会で語った「人の死後あるいは将来のことについてあることないことを申し向けてその人に不安をあおり立て、その不安に付け込み、普通の人だったら買わないようなものを不当に高価な値段で売り付ける商法」という定義が定着している。

現在、警視庁ホームページに掲げられた定義も概（おおむ）ねこれを踏襲しており、国民も通常はそのように理解している。すなわち、一般消費者に対する物品販売の方法（売り方）や価格に問題があるとするものだ。全国弁連の紀藤正樹弁護士も7月26日、共産党国会議員団の「旧統一協会問題追及チーム」の会合で、「霊感商法の被害は憲政史上最大の消費者被害と言える」（しんぶん赤旗7月27日付1面）と述べている。

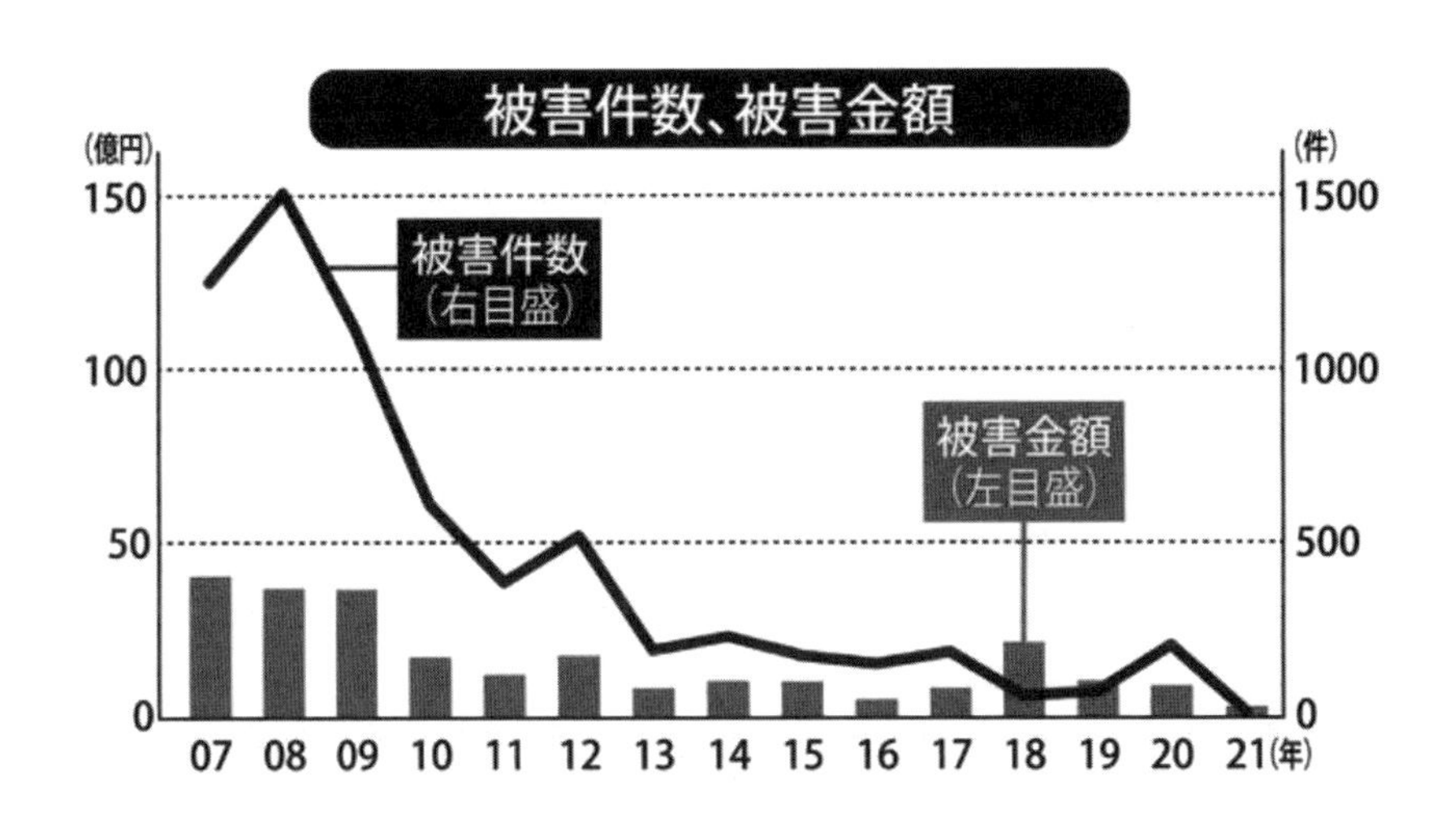

当然ながら、教団が「コンプライアンス宣言以降、信者が経営する会社における物販活動（で）、開運商法については一切なくなっている。これ以降に霊感商法だといって統一教会を訴えて損害賠償を求めたものは一切ない」(９月22日、家庭連合顧問弁護士）と主張する際の「霊感商法」もこの定義に沿うものだ。

これと関連し、安倍晋三政権下の２０１８年、立憲民主党議員も積極的に参加して行われた消費者契約法の改正で、「霊感等による知見を用いた告知」が契約を取り消し得る不当な勧誘行為に追加され、現在は実質的に霊感商法による契約は成り立たなくなっている。

川井氏が「霊感商法は摘発と法改正でやりにくくなった」と述べているのはこのような事情をよく理解しているためだろう。

21年までの12年間の被害統計を見ると、総計は確かに2875件、約138億2200万円だが、霊感商法の商品（以下、開運商品と呼ぶ）とされる印鑑、数珠・念珠、壺、仏像・みろく像、多宝塔の5項目を見ると、合計431件（総計の約15%）、約5億2900万円（同3・8%）にすぎない。

もちろん、それでもコンプライアンス宣言後の12年間に年平均で36件、約4400万円の被害が発生したのであれば、それは決して見逃せない規模だ。ただ、全国弁連の統計の「被害」件数と金額は同弁連がその年に把握したものであり、数年前から十数年前の「被害」がその年にカウントされることもあり得る。従って、09年以降の統計に書かれた「被害」が実際に09年以降に発生したものかどうかは、全国弁連にしか分からない。

そのような事情を加味しても、09年に印鑑146件、壺57件、数珠35件、仏像17件、多宝塔11件で合計266件、約1億9476万円にも及んだ開運商品関連の「被害」が21年には合計2件、91万円になったと自らの統計資料に出ているわけだから、本来の意味での霊感商法はほぼ根絶されたと評価するのが妥当だろう。

全国弁連は9月16日の集会で、今年も安倍晋三元首相の銃撃事件が起こる前の半年間の相談は数件だったと明らかにしている。これも先の評価を裏付けるものだと言える。

教団側に「霊感商法」に対する改善の意思も努力もなければ批判するのは当然だろうが、教団側が改善意思を宣言し、実際にそのための措置を実行し、その成果も着実に上がっているのに、8割も9割も水増しした「被害」を吹聴して改善がないように装うのは、弁護士団体としての信義にもとる行為ではないか。

川井氏は「昨年」の相談の中に「○九年以降の被害」もあったと言っている。もし事実であれば、具体的にどの会社の誰（名前は匿名）が霊感商法の手法で印鑑等を販売したのかを明らかにすべきだろう。それが信者の会社や信者の行為と特定されれば、教団側の主張を覆す反証、少なくとも教団の宣言不徹底を指摘する事例となるはずだ。


（10月25日）

「被害件数」を人数のように装う

全国霊感商法対策弁護士連絡会（全国弁連）は、安倍晋三元首相が凶弾に倒れた直後、容疑者の一部供述内容が奈良県警から流され、世界平和統一家庭連合（旧統一教会）に注目が集まると、テレビ番組や立憲民主党、共産党など野党のヒアリングで、霊感商法の被害は今も続いており、１９８７年から２０２１年まで全国弁連と消費者センターに寄せられた相談件数は３万４５３７件、被害額は１２３７億円だと宣伝した。

しかも、紀藤正樹弁護士は、「１２３７億円という被害額は、被害の一部」であり、「一般的に消費者相談の窓口が十分に機能していれば10分の１くらいが統計に表れる。機能していなければ１００分の１と言われる。仮に10分の１だとしても、１兆円を超える被害が過去に起きている」と指摘。さらに、「相談件数も…10倍とみたら34万の被害がある。その周りに家族もいることから、さらに3〜4倍と考えればゆうに100万人以上の被害者が過去に綿々と見えない形で埋まっている」(以上、しんぶん赤旗7月27日付1面)とまで述べている。

このような主張の根拠となっている全国弁連の霊感商法被害の統計にも、実は大きな誇張がある。

まず、紀藤弁護士は3万4537件の「相談件数」を相談した人数のように語っているが、それは事実とは違う。

全国弁連ホームページの霊感商法被害集計の商品別被害集計には1987年から昨年(2021年)までの被害件数と被害金額が年別、さらに1987年、88年の2年を除いて「商品」別に記録されている。ところが、この「商品」の内容を見ると、一般的に霊感商法と関連した商品とみられている印鑑、数珠・念珠、壺(つぼ)、仏像・みろく像、多宝塔の5項目(以下、開運商品)だけでなく、健康食品(人参濃縮液(にんじん))や絵画・美術品、呉服、宝石類・毛皮、仏壇・仏具の5項目(その他商品)、さらにとても「商品」とは思えない4項目、通常は信仰を前提として宗教団体に捧(ささ)げる「献金・浄財」、個人の債務である「借入」、学びのために出費する「ビデオ受講料等」、さらに全く正体不明の「内訳不詳・その他」の「被害」まで集計されている。

紀藤弁護士が「相談件数」と述べているのは、この14項目ごとの「被害」件数を合計したものだ。だから集計では「被害件数」と表記されている。例えば1人の相談で、被害品目が

14項目にわたっていれば、集計では14件とカウントされるわけだ。つまり被害件数を人数のように語るのは、数倍から最大十数倍にも誇張された数を語っていることになるわけだ。

　これまで、全国弁連の被害集計について、「相談件数をそのまま被害件数としている」との批判も出ていたが、それは商品別被害に分類されていない１９８７年、88年の２年分に関しては妥当かもしれない。しかし、それ以降の統計については、被害集計の件数を「相談件数」と述べて、あたかも相談した人数であるかのように思い込ませている。それが誇張につながっている。

30年近く10倍以上の金額発表

　また被害金額を見ても、全国弁連の霊感商法被害集計は、霊感商法と関連した商品（開運商品）以外の商品（その他商品）や商品販売とは異なる４項目の「被害金額」までカウントすることで、途方もなく誇張されたものになっている。

　総額１２３７億３０００万円とされる被害金額のうち、商品別の記載がない１９８７年と88年の金額を引くと９９９億２０００万円で、そのうち開運商品５項目の被害金額は93億７０００万円（約９・４％）。これに献金・浄財３８６億３０００万円（38・７％）、借入２９９億円（30・０％）、内訳不詳・その他１７５億４０００万円（17・５％）などが加算されているわけだ。

商品別被害集計の被害金額を87年から年ごとに開運商品など6項目に分類してみたところ、いわゆる「霊感商法」の被害は既に94年以来、常に全体の10%以下にとどまっている。すなわち、全国弁連はその時から30年近く、毎年、消費者問題としての霊感商法とは関係のない「被害」で10倍以上に膨らませた金額を「霊感商法被害」として発表し続けてきたわけだ。全国弁連は「旧統一教会、現家庭連合による『霊感商法被害』の根絶と『被害者の救済』を目的として結成した会」と謳（うた）っているように、「霊感商法が莫大（ばくだい）な被害を生んでいる」という前提に立って存在する弁護士連合会だ。それを維持するためには、莫大な被害が必要だったとも言える。

家庭連合（旧統一教会）のコンプライアンス宣言（09年）以降、とりわけ近年になって急激に「霊感商法」関係の「被害」減少に直面した全国弁連は、その傾向を認める一方で、「集金の方法が証拠品が残る霊感商法から、内部の信者への高額献金の強要に変わっていった」（全国弁連代表世話人の山口広弁護士。朝日新聞8月7日付社会面）と主張している。あくまでも教団側の改善努力ではなく、集金のための方法が変わったという解釈だ。

それを裏付けるため、朝日新聞には「年間延べ相談件数は、…２０００年代は1千件前後で、壺などの商品の販売をめぐるものが多かった。だが、近年の相談件数は１００件前後に減り、内容は献金に関するものが多くなっている」と説明しているようだ。

しかし、商品別被害集計をみると、壺などの商品の販売をめぐる「被害件数」（相談件数）

の割合は２０００年代でも（01年12％、02年35％を除き）19％～25％で推移している。「被害金額」では、その割合は10％以下に低下する。「献金」や「内訳不詳・その他」など他の割合が圧倒的に多いのだ。

既に発表された「被害」よりもはるかに小さかった「霊感商法被害」がほぼゼロになったため、集金の方法が「霊感商法」から「内部の信者への高額献金の強要」に変わったと主張せざるを得なくなったのだろう。

ただ、家庭連合の信者やその家族に献金問題で苦しむ人たちが存在することは否定できない。家庭連合側も「霊感商法」への対応と同じように、今からでも「過度な献金」などの残る問題にも真摯（しんし）に取り組むべきだ。９月21日から数回にわたって発表された「教会改革」の行方を注視したい。

（10月26日）

メディアを斬る

教団に「反社」のレッテルを貼り〝宗教弾圧〟を続けるワイドショー

森田清策

相談件数は大幅に減

「旧統一教会（世界平和統一家庭連合）」批判に最も熱を入れる「情報ライブミヤネ屋」（日本テレビ）を取り上げようと思い調べていたら、興味深い資料を見つけた。1998年衆議院法務委員会の議事録だ。そこに、日本共産党の木島日出夫氏と文化庁文化部宗務課長の前川喜平氏との間で、同教団について、次のような質疑応答があった。

「数々の反社会的な行為をどう把握し」「この組織をどう総体的に認識しているのか」と木島氏。これに対して、前川氏は「法律上の権限を発動するところまではまだ至っていない」と断言した。

これは何を意味するのか。前川氏は「法令に違反して著しく公共の福祉を害すると明らかに認められた行為をした」ケースでは、裁判所に解散命令を請求する手段があるが、同教団はそれに当てはまらない、つまり反社会的団体ではないというのだ。

「反社会的行為」の数字について、木島氏は今、「ミヤネ屋」が頻繁に登用する弁護士、紀藤正樹氏が関わる全国霊感商法対策弁護士連絡会（全国弁連）のデータを示した。筆者がそのデータをチェックしたところ、相談件数のピークは90年の２８８０件、質疑があった98年は８４８件。ところが、昨年は47件と大幅減（数字は他の教団のトラブルも入っている可能性がある）。もちろん、教団はトラブルをなくすよう、さらに努力すべきだが、筆者がここで強調したいのは、次の点だ。

〝魔女狩り〟さながら

前川氏といえば、最近、担当課長時代の97年、教団から家庭連合への名称変更の相談があったが、申請させないようにしたと明らかにした（朝日新聞９日付）。このように教団に対して厳しい姿勢を取っていた人物が、相談件数が今よりはるかに多かった時代でさえ「著しく公共の福祉を害する」団体でないと認めていたのに、トラブルが大幅改善されている現在、メディアが「反社会的」のレッテル貼りを行うのは「信教の自由」を定めた憲法20条に反する〝宗教弾圧〟以外の何ものでもない。また、教団の友好団体と少しでも関係を持った政治家をつるし上げるのは中世の〝魔女狩り〟と同じではないか、ということだ。

なぜ、そんな異様な状況が生まれているのか。その背景には、一部メディアと左派の弁護士らに信仰についての無知（宗教性悪説）があり、そこに起因するファッショ的世論操作の意図があるというのが筆者の見立てだ（全国弁連と左派思想との関係は稿を改めて論証したい）。

そのことを印象付けたのが12日放送の「ミヤネ屋」だ。特に、教団の友好団体UPFが主催してソウルで開催した国際会議についての出演者のコメントの偏向性にそれが表れていた。この会議には、ポンペオ前米国務長官やギングリッチ元米下院議長らがスピーチしたほか、トランプ前米大統領がビデオメッセージを寄せている。

司会の宮根誠司氏は、トランプ氏のメッセージにUPFの活動を高く評価する内容があったことについて、「安倍元総理が凶弾に倒れて、なおここまで褒めたたえるのは驚きだ」と憤った。紀藤氏は「怒りを覚える」とさえ語っている。この発言の背景に、筆者は幾つかの問題点を見る。

テロや暴力を正当化

一つはUPFは国連経済社会理事会の総合協議資格を持つ国連NGOであることの無視。もう一つは政治に対する宗教の関わりを重視する米国の、特に保守派の政治姿勢についての無知。そして、最大の問題は被害者と加害者を逆転させテロを正当化してしまうロジックの危険性だ。

安倍氏の銃撃事件の容疑者は、最初は教団を恨み、その幹部を狙ったが、それが無理と分かり、安倍氏を狙ったと供述しているという。ならば、教団も容疑者に狙われた被害者である。なのに、番組は安倍氏銃撃の原因をつくった加害者にしてしまっていたのだ。実は、現在のメディアの教団バッシングの背景には、教団は「反社会的」との決め付けとともに、このテロや暴力を正当化する左翼的発想がある。そこから生まれているのがファッショ的世論操作で、それは容疑者の思う壺（つぼ）なのだ。
（８月22日）

拉致監禁による強制改宗を「説得」と詭弁を弄する紀藤氏の人権感覚

森田清策

親子愛深める番組を

「親は、子に与える教育の種類を選択する優先的権利を有する」

基本的人権尊重の原則を定めた「世界人権宣言」（１９４８年、国連採択）26条にある一文だ。親が信仰する宗教を子供に伝えるための教育を行うことは親の当然の権利だから、子供が未成年の場合、宗教を持つ多くの家庭が行っている。筆者もよく祖母から仏壇の前に座らされて意味も分からないお経を唱えさせられた。

現在、世界平和統一家庭連合（旧統一教会＝教団）バッシングの一環で、テレビの情報ワイドショーが積極的に取り上げる「宗教2世」問題は、親の宗教を信じることができなくなっただけでなく、信仰問題をきっかけに、親との関係に葛藤を抱えるようになった成人のことだ。親子の溝がのっぴきならないところまでいき「反統一教会」運動に走る若者もおり、テレビは好んでそんなケースにアプローチする。教団批判の材料になるからだ。

「子供は自分と同じ道を歩んでほしい」と願う親は多い。心から子供の幸福を願ってのことだろうが、そこに自分のエゴを潜める親もいる。いずれにしろ子供の自由意思の尊重が基本である。ただ、宗教の場合、「救い」の問題になるから、進学・就職の進路選択とは違った次元のテーマで、メディアが扱うには難しい。

それでも、表面的な教団批判に終わらず、親が子供に強制的でなく自然に信仰を伝えるにはどうすべきか。たとえ子供が親の宗教を信じることができなくとも、親子の絆を強く保って仲良く暮らす道はないのか。そこに視点を置いて視聴者に考えさせる番組があれば、両者が心のわだかまりを解くだけでなく、逆に家族愛を深めることに役立つであろう。そんな番組がないのは、映像ジャーナリズムのレベルの低さを表している。

4300人超が拉致監禁被害

一方、同じ信仰をめぐる家庭問題でも、マスコミが触れたがらない深刻な人権侵害がある。教団信者を拉致監禁して行う強制改宗だ。宗教2世問題とは逆に、親の意に反して教団信者になった子供の信仰を棄てさせようとするケースだ。教団によると、これまでに被害に遭った信者は４３００人以上に達する。中には、監禁中のレイプ事件、精神病院への強制入院などの悲劇も起きているというが、密室で行われるだけになかなか表に出てこなかった。

親子の間で冷静な話し合いが行われるなら家庭問題の範疇だろうが、たとえ親や親族が実行したとしても、成人を長期間、密室に閉じ込めて改宗・棄教を迫るのは明らかに人権侵害である。当然、刑事事件になってしかるべきなのだが、警察は動かず検察も起訴してこなかった。

その代表例が現在、「全国拉致監禁・強制改宗被害者の会」代表を務める後藤徹に対する12年5カ月に及んだ拉致監禁。刑事告訴では不起訴になったが、関わった親族や〝脱会屋〟とキリスト教牧師を相手に起こした民事訴訟は最高裁まで争われた結果、後藤が勝訴。強制改宗の違法性が認められて、損害賠償として親族と脱会屋・牧師に対する総額２２００万円の支払い命令が確定した（２０１５年）。

後藤裁判に、わずかに触れたのが「情報ライブミヤネ屋」（日本テレビ、8月12日放送）だ。後藤を招いて直接話を聞くべきなのだが、そんなことはしない。一方、出演した全国霊感商法対策弁護士連絡会の紀藤正樹は何と言ったか。「家族や親族が集まって12年5カ月説得を続けた。一時期やめるやめないの議論があったが、最終的に（教会に）戻った」。ジャーナリストの鈴木エイトに至っては「原告（後藤）はほぼひきこもり状態」だったという。

二重基準の人物起用

最高裁が事実認定した、長期間の拉致監禁による強制改宗を「説得」「ひきこもり」と、詭弁（きべん）を弄（ろう）する人物たちの人権感覚には唖然（あぜん）としてしまった。親の信仰から離れる宗教2世の人権は尊重するが、信仰を貫こうとする信者の人権は無視していいとでも思っているのだろうか。

結局、基本的人権についてダブルスタンダードを取る人物を起用するテレビ局の人権意識もその程度だということ。2世の元信者の証言は積極的に流すが、拉致監禁被害者を無視する意図はおのずと知れよう。（敬称略）（9月5日）

霊感商法による「被害実態」を報じず「献金」問題にすり替える各紙

増 記代司

教団被害の明示なし

消費者庁が「霊感商法等の悪質商法への対策検討会」の第1回会合を開いた（8月29日）。安倍晋三元首相の銃撃事件を機に騒がれている「霊感商法」問題に対して「消費者被害の発生及び拡大の防止を図るための対策等を検討する」（消費者庁）という河野太郎消費者担当相の肝煎りの検討会である。

これを報じる毎日30日付は、「（検討会で）消費者庁は霊感商法に関する消費生活相談が２０１２年度に３２６７件あったが、17年度以降は１２００〜１５００件程度で推移していると報告。１人暮らしの母のもとに宗教の信者が押し寄せ、判を押させられて入会し、数珠などを購入させられたといった相談事例も報告された」と記している。産経30日付も同様に報じる。

これが消費者庁の把握している霊感商法による「被害実態」のようだ。この相談事例が旧統一教会（世界平和統一家庭連合、以下教団）のものかどうか明らかでない。検討会では驚いたことに教団による「被害発生」について明確に示されたものは１件もなかったのだ。

「占い・祈とう」が主

では、17年度以降の千数百件に及ぶ相談の中身は何なのか。各紙いずれもこのことに触れない。だが、消費者庁のホームページには、検討会に提出された資料一覧があり、その中の「霊感商法（開運商法）に関する消費生活相談について」がその中身を明らかにしている。

それによると、21年度の相談内容は①占い・祈とうサービス（インターネット通信販売等）54・４％②占い・祈とうサービス（その他＝訪問販売等）15・２％③財布類２・９％―だ。

17年度以降では実態が不明な「他のデジタルコンテンツ」もあるが、ほぼ同じ内容だ。教団が「占い・祈とう」のネット販売をしている話は聞かないから、いずれも無関係なのだろう。消費者庁のデータでは消費者相談は毎年90万件以上あるので、霊感商法に関するものは概ね0・4％に該当する。その「主な商品・役務等」の中に教団に関するものは1例もない。巨悪は明らかに他にいる。これが全く問題にされないのは不思議だ。

ちなみに全国霊感商法対策弁護士連絡会（全国弁連）のホームページに霊感商法にまつわる「裁判傍聴情報」「刑事事件情報」「民事裁判情報」の項があるが、掲載されている刑事事件は11年以降、皆無。民事裁判は17年以降、3件あるのみだ。メディアが大騒ぎしている教団の霊感商法の実態がこれである。まるで令和の怪奇談。これこそニュースだが、誰もこの事実を報じない。

検討会について朝日は30日付3面トップに「霊感商法対策　焦点は献金」との見出しを掲げ、前記の毎日は「『献金問題は消費者契約法の対象外だ』と戸惑う職員もいる」と書き、産経は「今後は信者からの寄付問題」についても議論するとしている。霊感商法問題はいつの間にか「献金」問題にすり替わっている。こうなれば、消費者庁の権限から逸脱している。

信教の自由奪う狙い

興味深いのは、検討会委員の全国弁連の紀藤正樹弁護士が検討会に一つの資料を提出していることだ（前掲・消費者庁ホームページ）。それは「トラブルに巻き込まれたときの相談窓口」と「カルト問題キリスト教連絡会」の電話一覧表。前者は全国弁連のほか日本脱カルト協会、マインドコントロール研究所など怪しげな団体が並び、後者の連絡会には日本基督教団などキリスト教各派の事務局や宣教部が名を連ねている。

朝日によると、紀藤氏は検討会で「首相直結の特命担当大臣を置いて」解決に当たれと述べたという。どうやら政府に教団をカルトと規定させ、信教の自由を奪う魂胆のようだ。教団をめぐる魔女狩りと異端審問である。これでは宗教に寛容なわが国は中世暗黒社会に陥れられる。信教の自由は民主主義国の基本的価値だ。これに気付かない新聞は、それこそ「マインドコントロール」されている。

（9月6日）

森田清策

旧統一教会批判は「反安倍」の「政治闘争」と喝破した高井康行弁護士

異端容認が民主主義

「何がなんだか、訳が分からなくなってきた」――普通の思考力を持つ人間ならそう思うに違いない。世界平和統一家庭連合（旧統一教会）問題のことだ。

この問題に関する野党ヒアリング（12日）で、宗教法人を管轄する文化庁は家庭連合については、現時点で解散命令を請求する対象に当たらないとの認識を示した。過去に解散命令を受けた宗教法人は2例ある。オウム真理教と明覚寺（本覚寺）だ。

前者については説明するまでもないだろう。明覚寺は、いわゆる「霊視商法」が詐欺商法だとして損害賠償請求が多発。僧侶らが逮捕されるとともに組織的詐欺と認定されて解散となった。家庭連合はそれには当たらないというわけだ。

だが、マスコミは「反社」（反社会的団体）のレッテル貼りを行い、岸田文雄首相も自民党総裁として関連団体との関係を「断絶」すると宣言した。関連団体と少しでも「接点」があった政治家はメディアによって吊し上げ状態にさらされている。

BSフジ「プライムニュース」（9日放送）で、高井康行弁護士（元東京地検特捜部検事）は「日本はいつの間に全体主義国家になったのか」と義憤を露わにした。そして、オウム真理教のような明確な反社なら話は別だがと断りながら、「自由主義や民主主義は異端の存在を認めるかなんだ。異端の存在を認めないというなら自由・民主主義はない。法律家として言えば、（家庭連合は）宗教法人格を持つ合法的な存在だ」と強調。その上で、「『統一教会の人たちを政治から排除する』と言うが、あの人たちも有権者で、基本的人権を持っている。政治家にも意見を言い、意見を聞く権利を持っているはずだ。それを『全部排除しろ』と。これが民主主義国家のやることですか」と訴えた。

つまり、家庭連合が「反社」と認定されていないのに、「排除しろ」と言うことにも、岸田氏が「断絶宣言」することにも、痛烈な異議申し立てを行ったのだ。さらに、自民党が家庭連合との関係を断つと言うのなら、秘書の信仰調査を行うのか。また、野党は地方議員まで調査しろと言っているが、これは基本的人権の侵害だというのである。

独裁国家になる恐れ

現在の風潮では、この意見に耳を貸さない人が少なくないだろう。今のマスコミ、特にテレビのワイドショーの一番の問題は、高井氏のように民主主義の原則を確認しながら、筋の通った意見を述べる人間をコメンテーターとしてほとんど起用しないことだ。このテレビの現状が日本の民主主義のレベルを悪化させている。今は家庭連合が「異端」狩りのターゲットになっているが、その次に標的にされる宗教団体が出て、やがて単一の価値観しか認めない独裁国家になってしまうというのが高井氏の警告だった。

一方、番組に出演した紀藤正樹弁護士は「統一教会は異端ではなくて民主主義社会の中に出来上がった全体主義団体」と決め付け、だから排除されるべきなのだという。家庭連合に詳しいはずの紀藤氏なら、これまでにどれだけ多くの日本人が入信し、そのうちかなりの割合が脱会していったことは知っているだろう。本当に全体主義団体ならそんなことを許すはずはない。発言は見え透いた〝印象操作〟にすぎないのである。

再び高井氏の発言に戻る。結局、現在の家庭連合批判の目的は一部の政党・勢力・マスコミが本当に被害者を救済し、また家庭連合の実態を明らかにして社会に貢献しようとしているのではなく、反自民、反安倍、反憲法改正をやり遂げようとする「完全に政治的なキャンペーン、政治闘争だ」と思っているという。

相談窓口に反日団体

最後に最近、ネットで話題となったエピソードを紹介する。紀藤氏がツイッターで家庭連合に関する相談窓口として、憲法改正反対、安倍晋三元首相の国葬反対を打ち出しているキリスト教団体を提示したことだ。紀藤氏はなぜ、わざわざ政治色が濃く、「反日」とさえ言われる団体を紹介したのか。高井氏が指摘した「政治闘争」を裏付けるツイートだった。（9月19日）

「真実の追究」を自ら放棄し変遷する全国弁連の主張を報じるメディア

増　記代司

2桁減った被害総額

よくもこんなに数字が変わるものだと呆(あき)れるほかない。「全国霊感商法対策弁護士連絡会」

（全国弁連）が明らかにしている世界平和統一家庭連合（旧統一教会、以下教団）による「被害実態」についてだ。教団は霊感商法や献金で多数の被害を出している「反社会的団体」だから、自民党は手を切れ、一切関わるな、宗教法人を解散させよ等々、メディアによる教団悪者の根拠とされている「被害実態」である。

全国弁連が７月12日に行った記者会見では「金銭被害は昨年までの約35年間で総額１２３７億円を超す」（朝日22日付社説）とし、紀藤正樹弁護士が26日に行った日本共産党の会合での報告では「相談件数は３万４５３７件」で、消費者相談窓口が機能していれば、さらに増え、被害者は「（家族も含め）１００万人以上」となり、１兆円超えの被害が出ているとしていた（「しんぶん赤旗」27日付電子版）。

ところが、全国弁連が９月16日に都内で開いた集会では、まったく違った報告をしている。それを朝日17日付は「教団の霊感商法が刑事事件化した２００９年の『コンプライアンス宣言』以降にも献金などでの被害があったと訴えた相談は64件。被害総額は、コンプラ宣言以前の被害額を含めて約22億７千万円だった。このうち、入信の契機が正体隠しによるものは少なくとも57件で、被害総額は約21億２千万円」と報じている。

１２３７億円としていた被害総額は２桁も下がって22億７千万円に萎（しぼ）んでいる。09年以降の相談は64件で、３万件以上とは雲泥の差だ。朝日には「教団に関する相談は、安倍晋三元首相への銃撃事件後の７月９日から９月14日までにメールや電話で計２１４件寄せられ、今年に入ってから事件までの数件から急増している」とある。

何が何でも教団潰し

つまり、事件前の半年間では相談は数件しかなかったのだ。毎日17日付では事件後の相談件数は４６１件としているが、どちらにしても１日数件程度だ。当初の発表は反教団騒動を起こす偽情報だったということか。

野党が12日に開いた教団をめぐるヒアリングで宗教法人を所管する文化庁は「旧統一教会の役員などが、刑法などに反して刑罰を受けたという事案は承知していない」とし、解散命令請求を行う対象ではないとの考えを示している（朝日13日付）。それにもかかわらず全国弁連は16日の集会で、宗教団体であることや勧誘目的を隠して信者を獲得する「正体隠し伝道」が教団の最大の問題だとして解散命令の請求を行うべきだと息巻いている（読売17日付）。

全国弁連の主張を咀嚼（そしゃく）すると、最初は「霊感商法」、それが現在は大幅に減少していると見破られると「献金」、それも違法性が問えないとなると、次には「正体隠し伝道」と変遷した。主張をころころ変えて何が何でも教団潰（つぶ）しなのだろう。

共産党の「正体隠し」

「正体隠し」と言うので共産党が思い浮かんだ。同党の「正体隠しオルグ」はよく知られた話だ。青年には「民主青年同盟」（民青）、女性には「新日本婦人の会」（新婦人）、商工業者には「民主商工会」（民商）、医療者には「日本民主医療機関連合会」（民医連）、合唱好きには「日本のうたごえ全国協議会」、登山家には「日本勤労者山岳連盟」、さらに弁護士には「青年法律家協会」（青法協）や「自由法曹団」と枚挙に暇（いとま）がない。大半の会員はこれら組織が共産党と知らずに勧誘され、会員になったことだろう。創価学会にもその種の団体が多くある。だからといって非難されない。

もはや全国弁連の主張は支離滅裂だ。そのお先棒を担ぎ教団批判キャンペーンに明け暮れる朝日を筆頭とするメディアは「真実の追究」（新聞倫理綱領）を自ら放棄している。折しも日朝首脳会談から20年を経たが、北朝鮮による拉致被害者報道では「メディアは死んでいた」（阿部雅美・産経元記者）。教団報道もそれと同様の体たらくである。

（9月20日）

論壇時評

信徒に自殺未遂者出る　安倍氏も「加害者」にする〝報道テロ〟

編集委員　森田清策

この論考を書いている26日に気が付いたのだが、安倍晋三元総理銃撃事件に端を発して巻き起こったメディアによるバッシングの渦中にある世界平和統一家庭連合（旧統一教会、以下教団）が25日、報道機関向けに「異常な過熱報道に対する注意喚起（2）」と題するプレスリリースを出した。

その中で、「当法人信徒（20代後半・女性）による自殺未遂事件」が起こったことを明らかにした。教団は21日にもテレビ、新聞、週刊誌などで続く教団とその友好団体に対する批判報道は、憲法で保障された「信教の自由」を無視した「魔女狩り的なバッシング行為」で名誉毀損（きそん）に当たるとともに、信者と関係者に対する人権侵害だとする注意喚起のプレスリリースを出していた。

それでも収まらぬ過剰な批判報道が自殺未遂者を出すまでに至ったことを知ると、単なるバッシングを超え〝報道テロ〟の次元に達したように思える。この論考はこれ以上の悲劇が起きないことを祈りながら書いている。

メディアによる教団批判キャンペーンに、筆者は二つの点で、強い憤りを感じてきた。一つは、安倍氏銃撃の真相究明から国民の目をそらすことになるだけでなく、教団に恨みがあったと供述していると報じられた山上徹也容疑者のテロ正当化につながるという点だ。

もう一つは、教団が指摘するように、信者の内心を踏みにじる人権侵害である。これは、メディアに関わる人間の側に信仰についての無知があるのかもしれないが、日ごろ、弱者に寄り添う姿勢の重要性を説きながら、安倍氏銃撃事件にまったく関わりのない信者の人権を無視しているのだから、このダブル・スタンダード（二重基準）は悪質である。

前者については、テレビや週刊誌と違い、その危険性について警鐘を鳴らす論考が論壇に少なくない。文藝評論家の小川榮太郎氏はマスコミ報道に「殺人容疑者への同情論が横行する」と指摘した上で、「いつの間にか主題は統一教会に移し、統一教会＝悪と決めつけたうえ、その団体と安倍氏の間に特別な関係があったかのようなフェイクニュースを大々的に展開、カルト教団と関係があった以上、暗殺されても仕方なかったと言わんばかりの印象操作が繰り返される」と述べている（「〝安倍貶め報道〟は仕掛けられた歴史戦」＝『Ｈａｎａｄａ』10月号）。

ブロガーの藤原かずえ氏も「安倍氏に対しては『自業自得』『殺されても当然』『因果応報』といった罵声が飛び交い、国葬反対が叫ばれ」る一方で、山上容疑者には同情が集まり、減刑の署名活動が盛り上がっているとした（「山上〝礼讃〟の報道テロリズム」＝同）。

さらに「まさに日本社会は、山上容疑者の目論見を支援するマスメディアによる【情報操作 information mani-pulation】を受け、テロの被害者を非難し、テロの加害者を擁護するという世にも不思議な本末転倒の展開となっている」と嘆いている。

多くの自治体にテロ予告メール

一方、「世界日報特別取材班」も、弊紙を教団の「機関紙」とツイートした石垣のりこ参院議員に対する反論記事（「デマを拡散させた石垣のりこ立民議員の居直り」＝同）の中で、教団に対するバッシングが政界にも飛び火している状況を「これはまさに容疑者がテロによって意図したとおりの展開である」と指摘し、模倣犯が生まれることに警鐘を鳴らしている。

メディアによる教団バッシングに関しては、世論操作に脆弱な国民のメディアリテラシーの低さも浮き彫りになっている。ネット上には教団を誹謗中傷する書き込みが溢れるばかりか、教団本部にも脅迫電話や手紙などが連日届いているという。また、藤原氏の論考によると、安倍氏の国葬をやめないと、「全国の子どもを誘拐する」（テレビ高知、7月26日）など、多くの自治体にテロを予告する脅迫メールが届いている。

「まさに非常識なマスメディアの論点操作は、山上容疑者のテロリズムを目論見どおりに成功させ、新たなテロリズムの実行にインセンティヴを与えたのです」（藤原氏）

昭和史研究家の保阪正康氏はテロの恐ろしさは、「正義の暴力は許される」という「動機至純主義」にあり、「ポピュリズムの怖さは、正義と不正義の基準が一瞬で逆転するところにある」と警告する（「『テロ連鎖』と『動機至純主義』」＝『文藝春秋』9月号）。

小川、藤原両氏が指摘するように、教団＝悪（反社会的）、だから教団と関係を持った安倍氏は「暗殺されても仕方がない」という印象操作が行われている背景には、集団的自衛権の行使容認や平和安全法制（安全保障関連法）を整備し、国際社会における日本の地位向上に尽力した安倍政治に対する反発と、世界の要人が参列することで、安倍氏に対する世界的な評価が国民に示されることになる国葬の阻止を狙う勢力の存在があり、その勢力による政治的な意図を感じるのである。

先に、教団バッシングは信者の内心を踏みにじる人権侵害であると述べた。教団＝悪のレッテルが貼られ、友好団体のイベントに祝電を送るなど、教団とわずかに関係を持った政治家が関係を切ることを強要されるという、踏み絵を踏まされるような状況が広がっているのを見れば、信者は自己の信仰を否定されたように感じるであろう。

これは人権の侵害であると同時に、人格の否定である。信者の自殺未遂事件については、個人のプライバシーに関わる問題だから、教団は詳細を明らかにしていないが、女性信者はそのような苦しみの中にあったのではないか、と推測される。マスコミはそのような信者の存在を忘れているのだ。

一方、25日に発表したプレスリリースで、教団は信者の自殺未遂事件とは別に、興味深い事実を明らかにしている。「24時間テレビ『愛は地球を救う』」（「日本テレビ」）の２０１４年放送の番組テロップで、参加ボランティア団体として教団の「能登教会」を紹介したというのだ。

教団が、この事実を公表した狙いは明らかだ。日本テレビをはじめ多くのマスコミには、教団が「反社会的」との認識はなく、むしろ「信頼」して番組制作への協力を求めていた。それなのに、安倍氏銃撃事件以降、手のひらを返したように、バッシングを続けるのは許し難い行為だというのである。

今後、同様のケースがどんどん明らかにされる可能性がある。教団と過去にわずかでも関係を持った政治家を批判して「関係を切れ」と踏み絵を踏ませるマスコミはどう釈明するのか。

（8月27日）

第3章

法治国家を揺るがす政府与党の世論迎合

世界日報の主張

自民〝絶縁〟宣言は信教の自由軽んじる愚行だ

信教の自由、思想・信条の自由は、人類が歴史の中で学び取った重要原則である。憲法19条、20条でも保障され、戦後の日本が自由世界の一員として守り続けてきた中心的な価値である。それを軽んじ、危うくさせることがあってはならない。

家庭連合の問題で謝罪

岸田文雄首相は、世界平和統一家庭連合（旧統一教会）と自民党議員の関係がメディアなどで批判されていることから「率直におわび申し上げる」とし、茂木敏充幹事長に関係断絶の徹底やチェック体制の強化などを指示した。これを受け、自民党は家庭連合や関連団体と今後関係を持たないことなどを基本方針とすることを確認。茂木幹事長は「仮に守ることができない議員がいた場合には、同じ党では活動できない」とまで述べた。

政権政党の自民党のトップが、特定の宗教団体を名指しして関係を絶つと宣言することは、当該団体への宗教差別、弾圧に繋（つな）がる。信教の自由を軽んじる愚行である。

かつて共産党が国会で中曽根康弘首相（当時）に家庭連合の関連団体である国際勝共連合

と「自民党総裁として、きっぱり手を切るか」と迫ったのに対し、中曽根氏は「一部団体と、自民党は縁を切れとか言っておられますが、これは思想と行動の自由に対する重大な侵犯発言」と一蹴した。

もともと自民党はさまざまな信仰や思想・信条を持つ人々が、自由と民主主義の価値を中心に結集した政党である。その多様性と懐の深さが国民から支持される所以であった。その自民党が、国会議員に「踏み絵」を踏ませる江戸時代の宗門改めのようなことを行い、思想や行動の自由を抑圧・制限することは自殺行為と言わざるを得ない。

今回の〝絶縁〟宣言は、安倍晋三元首相の暗殺事件で、家庭連合が「社会的に問題がある」団体としてメディアの批判の的となり、その関連団体も含め自民党をはじめとした政治家との結び付きをメディアが誇大に報じたことを受けてのものだ。

ただ、家庭連合は今回の事件で違法行為が摘発されたわけではない。献金をめぐるトラブルなど弁護士会への相談が最近も寄せられてはいるが、件数は激減している。関連団体においては、さまざまな形で社会貢献を行っていることも事実である。

これら客観的な立場での実態調査を行った上で、自民党は信教や思想・信条の自由に関わる重大決定を行うべきである。あまりに拙速な決定はメディアや世論への迎合であり、政権政党としての主体性を欠くものだ。

このような前例を認めれば、一部メディアが「反社会的」あるいは「社会的に問題がある」

とのレッテルを貼ることで、さまざまな団体が弾圧の対象となる。こうしたメディア・ファシズムを横行させてはならない。

本紙取材への対応に問題なし

また、関連団体の定義が極めて曖昧だ。メディアは「世界日報」もその中に含めているが、政治家が独立した報道機関である世界日報の取材に応じるのは、ごく当たり前のことである。それを問題視すること自体、言論・報道の自由を脅かす暴挙であることを強調しておきたい。

(9月2日)

●自民の絶縁推進　看過できぬ内心の自由侵害

自民党が旧統一教会（世界平和統一家庭連合）および関連団体との関係について、党所属国会議員379人の点検結果を発表した。8項目の質問の一つでも該当すると答えた議員は179人で、そのうち選挙支援依頼などがあった121人の実名を公表し、今後は関係断絶を党内に徹底していくのだという。

スタッフ全員に信者かどうかを確認

党総裁である岸田文雄首相の〝絶縁〟宣言に伴う措置だが、その渦中で既に憲法が保障する内心の自由（思想・良心の自由、信教の自由など）を侵害する事態が生じており、方針が地方議員や党員に拡大されればより深刻な事態を招来しかねない。深く憂慮される。

首相は党所属国会議員に先駆けて、閣僚など政務三役人事でも当該団体との関係断絶を条件とした。安倍晋三元首相銃撃事件の容疑者が旧統一教会に恨みを抱いていたとの警察情報に触発されて教団への批判が沸き起こり、新型コロナウイルス感染や国葬批判の拡大なども加わって内閣支持率が下落する中、緊急避難的な対応だったはずだ。

だが、マスコミが閣僚らと教団などとの接点を次々に暴露する中で支持率はさらに下落。さらに党の調査が進む過程で、野党の標的となった山際大志郎経済再生担当相が、自らの秘書が教団の信者である可能性を指摘する「週刊新潮」の報道を受けて、事務所スタッフ全員に「当該宗教の信者」かどうか確認する事態にまで至った。

山際氏はこの確認に基づいて報道を否定し、「内心の自由を最大限尊重するのが非常に重要だが、社会情勢に鑑み、あえて質問した」と弁明した。だがこれは、社会情勢次第では個人の内心の自由は侵し得るという、憲法の大原則を軽視するとんでもない言動だ。江戸時代の宗門改めのようなことが起きているにもかかわらず、岸田首相は注意すらしておらず、野党にも大きく問題視する動きはない。

自民党は今後、教団などとの絶縁方針をガバナンスコードに盛り込み、地方議員や党員にも徹底していくという。さまざまな信仰や思想・信条を持つ人々が自由と民主主義を守るために結集した自民党にとって、根拠も曖昧な特定教団との絶縁は自殺行為に他ならない。マスコミが党員の信者疑惑を書き立てれば、党内でわが身を守るために宗門改めのようなことが行われても誰が止められるだろうか。

それだけではない。首相が行政機関の長として教団などとの絶縁を言明したことで、官僚がその意向を忖度し、配下の公務員の信仰点検を行って人事上の不利益を与えることまで起こり得る下地がつくられた。

あまりに拙速な断絶宣言

首相の決断は重く、責任が伴う。教団がさまざまな問題を指摘されているのは事実だが、その大部分は教団との裁判で脱会者の代理人となってきた弁護士団体やマスコミによるもので、政府は調査を始めたばかりだ。司法が教団の解散を認めたわけでもない。そんな段階で「社会的に問題が指摘される団体」という極めて曖昧な基準により、何の違法行為も認められない関連団体まで含め絶縁を宣言したのは、あまりにも拙速だった。

（9月11日）

●「質問権」行使　解散ありきでなく公正に

世界平和統一家庭連合（旧統一教会）を巡る問題で、永岡桂子文部科学相は、旧統一教会に対し宗教法人法に基づく「報告徴収・質問権」を行使した。

質問権行使は１９９５年に権限が創設されて以降、初めてとなる。教団の解散命令請求を視野に入れたものだが、信教の自由の抑圧に繋がらないよう、公正な調査、判断を求めたい。

旧統一教会に書類送付

文化庁が教団側に書類を送付し、提出を求めたのは、組織運営に関する文書、収支と財産に関する書類や帳簿など。回答期限を来月９日としている。永岡氏は、旧統一教会の不法行為責任などを認めた民事判決が計22件あり、賠償額が計約14億円に上ることなどを根拠に質問権を行使する意向を表明していた。それらについて、実態を正確に把握すべきだ。

教団側は「政府の意向に従い、誠意をもって対応する」としている。真摯な対応と実態解明への協力を求めたい。

宗教法人法は解散命令の事由として「法令に違反し、著しく公共の福祉を害すると明らかに認められる行為」などと規定している。宗教団体が組織的に法令違反を犯し、公共の福祉を著しく害するなど論外である。しかし、質問権行使が教団の「解散ありき」であってはならない。

岸田文雄首相は、解散命令請求の要件について当初、「民法の不法行為は入らない」と答弁していたが、一夜にして「入り得る」と法解釈を変更した。要件拡大の意図が見え隠れする。

旧統一教会を巡っては、友好団体が反共保守の理念を掲げ活動を展開してきたこともあり、左翼勢力や一部メディアが猛烈な批判を繰り広げた。支持率低下に悩む首相としては、この問題で厳しい姿勢を示し政権の浮揚材料にしたいところだろう。しかし、信教の自由という国家の基本に関わる問題を政争の具にすることは許されない。

首相は教団に関わる民事訴訟判決について「過去に解散を命令した事例と比較して十分に解散事由として認められるものではない」との見解も示している。解散命令の事由となる法令違反の有無、「組織性、悪質性、継続性」を持つものかどうか、曇りない目で見ていくべきだ。

特定の教団に対し、前のめりとも言える姿勢で強引な解釈、判断がなされれば、極めて悪しき前例をつくることになる。戦後日本の繁栄の基礎にあった信教の自由は揺らぎ、特定の宗教団体をターゲットにした攻撃が政治の場に持ち込まれれば、大きな混乱を招くことになる。

そもそも質問権が創設されたのは、無差別テロを行った地下鉄サリン事件などのオウム真理教事件が切っ掛けだった。だが安倍晋三元首相暗殺事件では、旧統一教会がテロの被害者になりかねない立場だった。

懸念される全体主義

全体の利益や秩序維持などを理由に、中国などでは公然と国家による宗教への弾圧が行われている。日本がこうした全体主義国家に変容しかねないとの欧州ＮＧＯの指摘もある。国際社会の評価にも耐え得るよう、宗教活動への規制は公共の福祉とのバランスをあくまで公正・慎重に勘案し行うべきである。（11月28日）

宗教と政治の接点　反共の教団叩きに偏執

共産主導の徹底調査意見書　地方議会は相次ぎ否決

全国の多くの地方議会で、世界平和統一家庭連合（旧統一教会）と地方議員らとの関係断絶やさらなる調査・追及を国などに求める意見書が日本共産党の主導により提出されたが、自民党議員らの反対多数で相次いで否決されている。一方、自民党本部は同教団や関連団体との関係を「厳に慎む」よう地方組織にも周知し順守を徹底する方針だが、地方の事情との乖離（かいり）もある。

高知県議会では10月14日、「世界平和統一家庭連合（旧統一教会）との関係を断ち切り、被害防止および救済を求める意見書」が賛成少数で否決された。共産党県議が提案した理由は「岸田総理は旧統一教会との関係を断つと約束した。地方議員にも徹底するとも述べている。県議会として毅然とした態度を示さなければいけない」というもの。これに対して、自民党の上治堂司県議は「県には県民に等しくサービスを提供する責務がある。行政トップの政府、立法トップの国会が関係を断ち切ることは現実的ではない」と反対意見を述べた。

また、京都府議会は5日、「旧統一協会・勝共連合と政治家との癒着究明・被害者救済を求める意見書」を否決。千葉県議会は「旧統一教会と政治との関係について、徹底的な調査と事実関係の解明を求める意見書」を、茨城県議会も「旧統一教会問題の徹底究明と被害者救済を求める意見書」をそれぞれ否決したが、すべてのケースで自民党議員が反対姿勢を明確にしたからだ。

市レベルでも同様の結果が相次いだ。東京・日野市では「日野市・日野市議会として、旧統一教会とのいかなる関係性をも拒絶する動議」が共産党市議から出されたが、自民、公明などの反対多数で否決された。

茨城県取手市議会では「旧統一教（協）会汚染調査に関わる請願」が共産党市議から出されたのに反対する討論を行った細谷典男市議（無会派クラブ）は、「何ら法を犯すこともなく納税など市民の義務を果たしていながら基本的人権が侵されている。つまり憲法違反を白昼堂々と行うことを是認する言葉が反社会だ」とした上で「（この請願は教団が）反社会という前提で組み立てられており、その事実を実証できていない。これは全体主義に道を開く危険性があり、今の重圧に押しつぶされそうな信徒らの声も聞かなければならない」などと反論、圧倒的反対多数（反対18、賛成4）で不採択となっている。

このほか、「旧統一協会等による被害の防止・救済及び新たな法整備を求める意見書」（八

共産党市議の紹介で提出された請願に反対討論する細谷典男市議＝９月16日、茨城県取手市議会（YouTube「取手市議会公式チャンネル」より）

王子市）、「旧統一教会問題の全容解明と被害者救済強化を求める意見書」（町田市）なども自民、公明議員が連携して否決。その他の市議会でも同様の内容の意見書を否決している。他方、富山市議会のように、自民会派が提出した「市議会が世界平和統一家庭連合（旧統一教会）および関係団体と一切の関係を断つ決議」を全会一致で可決した例もある。

自民党の茂木敏充幹事長は26日、党所属国会議員に対して「世界平和統一家庭連合（旧統一教会）との関係遮断について」と題する指示文書を配布した。しかし、同教団への対応をめぐって、来年4月に統一地方選を控える地方の所属議員らの間でも濃淡があり、党本部とも温度差があるようで、党運営の指針「ガバナンスコード」に新たに盛り込んだ「組織・団体との責任ある関係」を地方に徹底することは容易でなさそうだ。

（10月31日）

共産市議の〝違法〟発言　議事録から削除

愛媛県四国中央市議会でこのほど、世界平和統一家庭連合に関して行った日本共産党市議会議員の発言が違法であるとして、同家庭連合傘下の四国中央家庭教会の「有志」が議事録からの削除を求める申立書（9月26日付）を同市議会に提出した。その結果、「カルト」の文言削除など7カ所について共産市議が受け入れていたことが分かった。

問題の発言は9月14日に行われた。議会事務局担当者らが申立書を基に同市議に聞き取り調査を行った結果、発言が取り消された。その第一は、霊感商法の被害額に関するもの。1987年から2021年までの被害が3万4537件、総額1237億円に上っているとし、「これは氷山の一角で実際の被害額はこの100倍とも言われています」の箇所。

「有志」は「2009年のコンプライアンス宣言以降に伝道された人が教会を被告とする裁判を起こした件数は4件」で、「全員、家庭連合を当初から明かされ信徒になっているにもかかわらず、後日心変わりして提訴した案件が2件で、あとは本人ならぬ親族の反対で後見人が提起した案件が1件、本人他界後に相続人が提起した案件が1件」だったなどとし、「全く信憑性に欠ける発表を鵜呑みにした発言は、それ自体が名誉棄損に該当」すると主張した。

取り消しの第二、第三の箇所は、正体隠しによる伝道により人生を壊され、家庭を壊され、被害者が加害者となり広げていく「この被害、現在進行中です」の部分と「そして、被害者だった方が加害者になることもあるということで、正体を隠して他の人を勧誘したり、だましたり、脅迫したり、献金させたりする被害者になってしまうということです。」の部分。

申　立　書

９月度議会一般質問の議事録一部削除の件

令和4年9月26日

四国中央市議会　御中

世界平和統一家庭連合
四国中央家庭教会信徒有志
■■■■

本年令和4年9月14日（水）に貴議会での議事中に日本共産党の■■■■市議会議員（以下、「■■市議」と言う）が「質問項目１」として行った発言の中には、違法・不当に世界平和統一家庭連合（以下、「家庭連合」ないし「統一教会」と言う）、ないしその信徒の名誉を毀損する発言が多々含まれていました。こうした発言は同時に信教の自由や集会結社の自由といった憲法が保障する基本的人権を侵害するものです。マスコミと違い、市議会議員は憲法尊重擁護義務を負っており、あからさまな憲法違反を行うことは許されません。更に、市議会という地方公共団体の機関がこのような発言を議事録に残すこともまた、憲法違反に該当すると思料します。

私達は家庭連合に所属する信徒ですが、自らの意思で真摯な信仰生活を送る市民の立場から見たとき、議会において憲法違反の発言が行われることや、こうした発言が議事録に残されることは断じて容認できません。従って、■■市議の下記発言を議事録から削除してくださるよう請願致します。なお、本書面における主張はあくまでも四国中央市民である私達信徒の立場からのものであって、家庭連合の見解ではありません。

1.■■市議は、安倍晋三元首相殺害事件で、容疑者は、統一教会信徒の母親が多額の寄付をして破産させられ、家庭環境が滅茶苦茶にされ、統一教会に恨みがあったと発言しました。

容疑者の母親が破産したのは事実のようですが、統一教会が破産させたとは報じられていません。また、「家庭環境が滅茶苦茶にされ」との発言について言えば、父親が自殺したのは母親が家庭連合に入会する前に実践倫理に通っていたことを苦にしたと報道されています。家庭連合が破産させたとか家庭環境を滅茶苦茶にしたとの断定することは誤りです。

2.■■市議は「統一教会の反社会的活動による被害」「霊感商法や合同結婚式など、数々の反社会的な問題を引き起こし、現在も続いている集団」「私はね宗教団体ということではなくて、反社会的と指摘される統一教会との関連があったということで今後関わりを持つべきではないというふうには思っています」などと発言し、家庭連合が反社会的活動を行っている反社会的な団体であるとの趣旨を述べました。

しかし、平成6年7月12日に村山内閣は質問主意書に対する答弁の中で、「政府としては、一般的に、特定の宗教団体が反社会的な団体であるかどうかについて判断する立場にない」と述べています。これは、反社会的団体についての基準や定義が明確でないなかで、特定の団体に対して反社会的団体だと

1

愛媛県四国中央市議会に提出された議事録一部削除の申立書（名前などは黒塗り）

「有志」は「家庭連合を明かして伝道」しており現在進行形の発言は「でたらめ」とし、現在の信徒の誰もが被害を受けていると思っておらず、自ら進んで献金等の貢献をしているのであり、「家庭連合が『被害』を加えているかのごとく表現するのは、地方自治法が禁止する『無礼の言葉』の『使用』に該当することはもとより（132条）、宗教弾圧に他ならない」と指摘した。

　また、「カルト教団」「カルト集団」「カルト団体」と、3カ所で使用され

た「カルト」の文言が削除された。「有志」は、愛知県で教会の塀にペンキで「カルト」と書いた者が、器物損壊および侮辱罪で罰金刑に処せられていることを例示し、「カルト」との表現は、地方自治法が禁止する「無礼の言葉」の「使用」に該当するとともに侮辱罪（刑法231条）に該当すると主張した。

事実の無視や言葉の誤用などによる法令違反の発言が他の地方議会でも行われている可能性がある。

（11月1日）

記者の視点

朝令暮改の不安　危機対応、自由擁護は可能か

政治部長　武田滋樹

ウクライナ戦争の長期化、止まらぬ円安と物価高騰、「強軍」加速の中国や核ミサイルの戦力化を急ぐ北朝鮮…。内外の懸案が山積する中で、臨時国会序盤の焦点となる衆参両院の予算委員会は世界平和統一家庭連合（旧統一教会）をめぐる論戦に異常な関心が集まった。

中でも岸田文雄首相が宗教法人法に基づく同教団の解散命令の要件について「民法の不法行為は入らない」と言い切った翌日に、「民法の不法行為も入り得る」と百八十度異なる答弁を行ったことは、与党だけでなく首相を追い込んだ野党からも「朝令暮改」「法治国家と思

えない」という皮肉交じりの批判の言葉が飛び出した。

岸田首相の〝朝令暮改〟は今回が初めてではない。コロナ感染で療養中の８月24日、オンラインでの記者会見で、新型コロナ感染者の「全数把握」を見直し、都道府県の判断で、対象を限定できるようにする方針を発表。ところが、東京や大阪、北海道などの知事から「丸投げ」批判が相次いだことから、２日後の26日に全数把握の見直しは「９月半ばにも全国一律で実施する」と方針転換した。

朝令暮改が必ずしも悪いわけではない。過ちがあれば速やかに改めることは、指導者として重要な徳目の一つでもある。しかし、いくら「聞く力」が売りものだとしても、こう頻繁に朝令暮改が起こると、官邸のガバナンスはどうなっているのか、不安になる。

最初の方針に対するリアクションはある程度予想できるのだから、１日や２日の検討で転換が可能なら、なぜ発言前に周到な準備をしなかったのか。国会対応ぐらいでこのありさまなら、本当の国家的危機に直面した際にうまく対応（危機管理）ができるのか…。

一方、宗教法人の解散命令に至る行為については、東京高裁が１９９５年の決定で「社会通念に照らして該当宗教法人の行為であるといえるうえ、刑法等の実定法規の定める禁止規範又は命令規範に違反するもの」との判断を示している。今回の解釈変更は「刑法等」の『等』には民法も含まれるという判断」（首相）なのだという。

このような解釈が可能なのかどうかは、最終的に司法が決めることになるが、首相は立憲民主党の質問攻勢に押される形で、政治的な判断によって解釈変更を推し進め、宗教法人に対する解散命令のハードルは大幅に低くなった。これはすなわち政治の宗教に対する影響力が大きくなったことを意味する。

共産党が統治する中国でも憲法は「宗教信仰の自由」を明記しているが、同時に「国家は正常な宗教活動を保護する」とも書かれており、何が「正常な宗教活動」かどうかは国家が判断するので、結局、宗教は国家の統制下に置かれ、自由民主主義社会のような信教の自由は享受できなくなる。

政府がマスコミや世論に押されて「正常な宗教活動」の枠組みを決めるようなことは、あってはならないはずだ。

（10月22日）

第4章 海外からの憂慮の声

過熱する旧統一教会報道

イタリア宗教社会学者 マッシモ・イントロヴィニエ

安倍晋三元首相銃撃事件を機に、世界平和統一家庭連合（旧統一教会）への批判が過熱している。信教の自由の問題に詳しい海外の識者はこの状況をどのように見ているのか。イタリアの宗教社会学者であるマッシモ・イントロヴィニエ氏の寄稿を掲載する。

逆転した加害者と被害者

「鹿を指して馬となす」という中国のことわざがある。趙高は紀元前3世紀末に退位した秦の二世皇帝に仕えた丞相(じょうしょう)であった。彼は帝位を簒奪(さんだつ)することを計画したが、宮中で彼を支持するのは誰かを見定める必要があった。そこで彼は皇帝に鹿を示して、それが馬であると言った。皇帝がそれは鹿ではないかと言うと、彼は宮廷の臣下たちにそれが馬であると言わせようとした。多くの者は趙高を恐れてその通りだと言った。彼は鹿であると言った者たちを処刑し、その後に謀反を起こした。

「鹿を指して馬となす」のように、悪意をもって言葉の意味を逆転させることは今日、宗教的マイノリティーを差別する際にしばしば行われる。彼らが犯罪の被害者となる時、それは自業自得だと示唆されるのである。被害者は加害者と呼ばれ、加害者は被害者と呼ばれる。

それはレイプ犯を擁護する悪徳弁護士の戦略を思い出させる。彼らは決まってレイプされた女性に対して、控えめな服装をしていなかったからだと非難する。

２０２２年６月、韓国で一人の男が別れた妻とその兄弟の妻を殺した。主たる動機は個人的なものであったかもしれないが、彼は自分が罪を犯したのは、妻が新天地と呼ばれる新宗教運動の信者だったからだと主張した。彼は犯罪の24時間前に、異端的「カルト」であるとみなすグループと闘うことを専門とする組織「異端相談所」に相談した。

同相談所が殺人を犯すように示唆したわけではないが、新天地に対する男の憎悪を刺激した。犯行後、同相談所は記者会見を開き、殺人犯は実は被害者であり、責任は新天地にあると主張した。彼らが言うには、妻が新天地に入信しさえしなかったら、この哀れな男は残りの人生を刑務所で過ごさなくてもよかった。彼は終身刑になる可能性が高かった。

Massimo Introvigne　1955年6月、イタリア・ローマ生まれ。新宗教運動を研究する学者たちの国際的ネットワーク「新宗教研究センター（CESNUR）」の創設者・代表。宗教社会学の分野で約70冊の著書と100以上の論文を執筆。2011年から1年間、欧州安保協力機構（OSCE）のキリスト教徒や他宗教信者に対する差別に焦点を当てた人種差別・外国人排斥・差別との戦いに関する代表。12年から15年までイタリア外務省が世界の宗教の自由問題を監視するために設立した「宗教の自由観測所」の議長を務めた。

19年1月、10代の若者

が母親の所属する、オーストラリア・シドニーにあるサイエントロジー教会の敷地内に入り、信者にナイフで致命傷を負わせた。裁判で2人の専門家が彼は統合失調症だと宣告したため、後に彼は刑事責任がないと認定された。しかし本物のパラノイア患者にも実在する敵はいる。

彼は母親と別の理由で喧嘩(けんか)していたのだが、サイエントロジーを悪者として描くプロパガンダもまた、彼の弱い心を刺激した可能性がある。ここでもサイエントロジー反対派は、犠牲者のために涙を流すこともなく、サイエントロジーが母と息子の間に敵意をつくり出したと言われていることについて非難されるべきだと、メディアに語ったのである。

新天地やサイエントロジーに対して人が何と思おうと、これらは被害者を加害者に逆転させたとんでもないケースである。そしてわれわれは今、この歪(ゆが)んだ論理の中でも最も驚くべきケースを目にしている。安倍晋三の殺害である。五つの基本的な事実を考察してみよう。

第一に、暗殺犯の山上徹也は統一教会のメンバーではなく、過去においてもメンバーであったことはなかった。現在この団体は世界平和統一家庭連合と呼ばれている。

第二に、彼の母親は1998年に統一教会に入教し、今も所属している。彼女は2002年に破産宣告しており、安倍を殺した犯人と母親の義理の兄はどちらも彼女が教会に捧(ささ)げた過度な献金を非難しているのは事実である。義理の兄が苦情を申し立てた後、2人の教会員が分割で献金の50%を返金した。

第三に、安倍晋三もまた統一教会のメンバーではなかった。彼は統一教会の指導者によって創設されたNGOであるUPFの21年のイベントにビデオを送り、22年のイベントにはメッセージを送った。同じことをドナルド・トランプも、元欧州委員会委員長のジョゼ・マヌエル・バローゾとロマーノ・プローディも、そしてその他あらゆる信条の数十人の政治家たちも行った。

第四に、山上本人が言っているように、母親の破産は統一教会に対する憎悪の原因となった。しかし、破産が起きたのは02年であり、山上が安倍を殺したのは20年後の22年である。山上の殺意の引き金を、それ以前ではなく22年に引いたものは何だったのか。われわれが知っている事実は、山上が日本で広まっている反統一教会キャンペーンをフォローしていたということだ。

彼は教会に敵対する仲間とソーシャルメディアで交流していた。安倍を殺害した前日に、山上は米本和広に手紙を書いている。米本は過去に、統一教会信者に対するディプログラミングや「棄教」を目的とした拉致の実行に反対していた点では称賛に値するが、彼は教会に対しては反対の立場だった。山上は反統一教会的な環境と交わり、教会に対するヘイトスピーチにさらされていた。それが彼の弱い心を変えさせた可能性がある。

第五に、安倍を殺す前に、山上は家庭連合の指導者である文夫人の暗殺を計画しており、かつて家庭連合の教会として使われていたビルを撃つことによって、自分の武器をテストした。

山上は教会を憎んでいた。そしてこの憎しみは反統一教会活動家のヘイトスピーチによってあおられた。自らの責任を隠すために、彼らは明らかに被害者である統一教会をあたかも加害者であるかのように非難した。

言葉をねじ曲げることは、悲惨な結果をもたらす。鹿を指して馬となした後に、趙高は束(つか)の間の成功を収めるが、最終的には秦帝国の滅亡をもたらし、彼自身殺害されている。被害者を加害者と呼び、加害者を被害者と呼ぶことは、同じように社会に破壊的な影響をもたらす可能性がある。安倍暗殺の事実を操作して反統一教会の計略を進める者たちは、立ち止まって考えるべきであろう。（敬称略）

（9月9日）

無視される信者の強制改宗

安倍晋三暗殺事件の後、突然、海外のメディアでさえ、「全国霊感商法対策弁護士連絡会」と呼ばれるグループについて知るようになった。現在約300人の弁護士を擁するこのネットワークは、1987年に統一教会と戦うために日本で設立されたが、時には他の宗教運動を標的にすることもある。

暗殺犯の主張によれば、安倍が統一教会・家庭連合の関連団体が行った二つのイベントに（ビデオと書簡を通して）出席したことを理由に殺害したのだという。殺人犯は、母親が教団に多額の献金を行ったことが彼女を破綻させたと非難した。実際には、母親が破産したのは２００２年であり、彼が安倍の暗殺を実行したのは20年後であった。敵対的な弁護士たちのキャンペーンが殺人犯の弱い心を刺激したのではないかと批判される可能性を封じるため、弁護士連絡会は先制攻撃に出た。彼らは記者会見を開き、事件に対する責任は統一教会にあると非難して、加害者と被害者を逆転させたのだ。

海外メディアの大多数が、この弁護士たちが誰であるのかを正確に調査することもなく、弁護士連絡会の説明を受け入れた。海外メディアはまた、かつて人権活動家たちの国際的な注目を集め、さらに米国務省までもが宗教の自由に関する年次報告書で言及した過去の事例を無視した。１９６６年から２０１５年にかけて、約４３００人の統一教会の成人信徒たちが、彼らの両親の手によって拉致され、アパートに監禁され、「ディプログラミング」を受けさせられた。ディプログラミングは米国で発明された手法だが、米国では法廷で違法判決を受けている。

両親が認めない宗教の信者たちは、拉致され、秘（ひそ）かに監禁され、彼らが信仰を棄（す）てることを受け入れるまで、極度の身体的・心理的プレッシャーにさらされた。ディプログラミングは世界の民主主義国家のほとんどで禁止されたが、日本と韓国においてのみ生き残っている。

日本におけるディプログラミングは、エホバの証人とその他の少数派宗教もターゲットにしており、とりわけ乱暴であった。ある統一教会の女性信者は、ディプログラマーが彼女を「棄教」させようとした数カ月間に自分をレイプしたとして訴えた（しかし、彼女は後に恐ろしくなって告訴を取り下げた）。彼女の父親はレイプの事実を知り、自身がディプログラマーを雇ったことを恥じて自殺している。

統一教会の信者である後藤徹は、アパートに12年以上にわたって監禁され、ディプログラミングを試みられたが、成功しなかった。彼の裁判では、２０１５年に最高裁がディプログラミングを違法であると判断し、相当額の損害賠償を認めた（彼の前にも２人の統一教会信者が勝訴しているが、認められた損害賠償はわずかな額だった）。この判決後、こうした行為は停止されたが、21年に新たな事件が起きた。統一教会信者の親がアパートではなく自宅で子供を監禁したのだが、彼らはこれを単なる家庭問題だと主張した。

連絡会で最もよく知られた弁護士である山口広（後藤を苦しめた中心人物である宮村峻の代理人）、渡辺博、および紀藤正樹は、ディプログラミングを行ったとして訴えられている者たちの弁護人として関わっていた。連絡会の弁護士の中には、ディプログラミングの被害者を連れてくるディプログラマーたちに依存している者もいる。そこで被害者は統一教会を訴えるように説得され、それが弁護士たちにとって重要な収入源となっているのだ。

連絡会の弁護士の全員が拉致を支持していたわけではない。彼らの一人である伊藤芳朗が１９９６年に、連絡会は宮村との協力をやめるべきだと提言したことは称賛に値する。

山口広の場合は、彼の統一教会に対する敵対心は連絡会の設立にまでさかのぼる。１９７

９年にソ連のＫＧＢエージェントで日本におけるトップスパイだったスタニスラフ・レフチェンコが米国に亡命した。彼は著名な日本の政治家たちが報酬を受け取ったソ連のエージェントであったと証言したが、そのほとんどが日本社会党の関係者であった。レフチェンコの暴露は、後にソ連の崩壊後にロシアの公文書から発見された文書によって事実であったことが確認されているが、83年に日本社会党はこれに対して、統一教会の関連団体である国際勝共連合が米中央情報局（ＣＩＡ）を通して画策した陰謀であると非難した。

国際勝共連合は日本社会党を訴えた。山口は日本社会党の代理人であったが、裁判で敗訴し、この訴訟は後に日本社会党が国際勝共連合に２００万円の解決金を支払うことによって和解した。

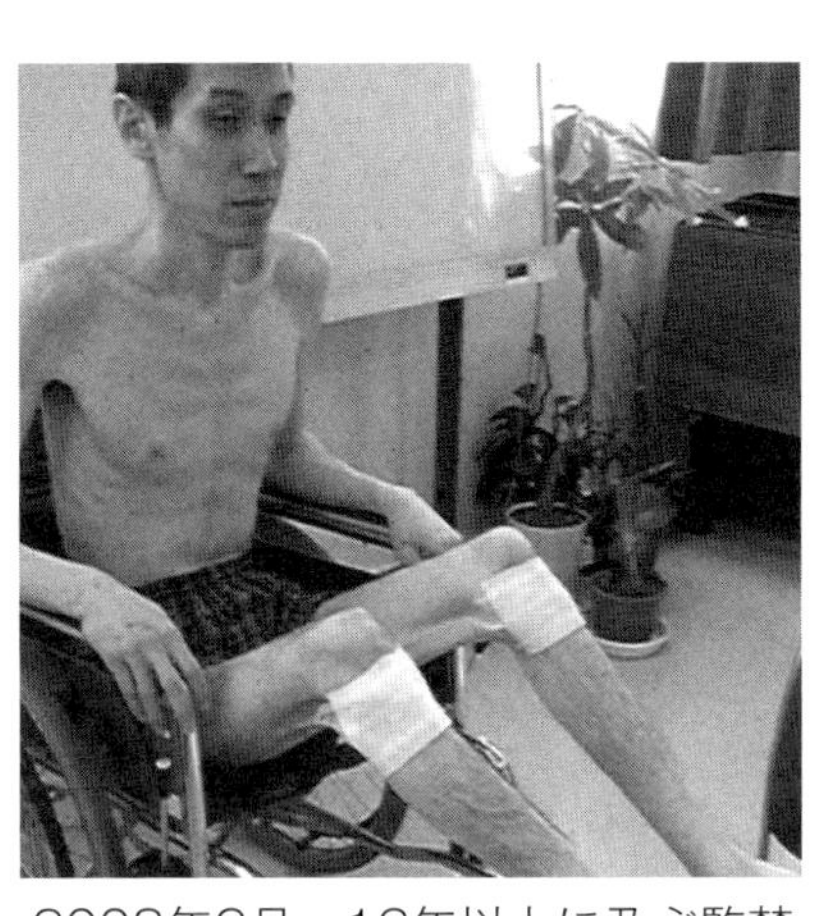

2008年2月、12年以上に及ぶ監禁から解放された直後の後藤徹氏。体はやせ細り、栄養失調でほとんど動けなかった（米本和広氏撮影）

連絡会の一部弁護士たちにとっては、その最も中心的な者たちを含め、反統一教会キャンペーンは、ディプログラミングとそれに続く棄教した元信者たちによる教会に対する訴訟という、ともに儲（もう）かるビジネスを守るための道具だったのである。

それ以上に儲かる事業が、献金を返してもらえると弁護士たちに唆された篤志家たちの代理人となって、統一教会を訴えることである。連絡会の弁護士たちは、これらの献金の額を提示することには熱心だが、彼らが弁護士として訴訟によってどれだけのお金を儲けたのかについては開示していない。

また彼らは必要とあらば、いかがわしい戦術に頼ることもいとわない。2021年3月1日に東京地裁で、統一教会（家庭連合）が元信者と争った訴訟で勝訴したケースでは、判事は原告（元信者）が統一教会を訴えるための証拠を偽装するため、個人ノートの日付を実際よりも前のものに修正したことを見抜いた。

全国霊感商法対策弁護士連絡会の弁護士たちは、「カルト」というドラゴンを退治している、光り輝く鎧（よろい）を身にまとった騎士などでは決してない。しかし、彼らが主張するプロパガンダがあまりに簡単に日本と海外メディアに受け入れられてしまっている。彼らの中にもディプログラミングの問題には異なる立場も存在するが、連絡会の主要メンバーの一部は、暴力的な拉致を行う人々や、さらにはソ連のスパイまでも擁護している。

また、彼らの顧客によって偽造された文書を判事に提出し、彼ら自身が真実でないことを知りながら、統一教会を誹謗（ひぼう）中傷する情報を拡散しているのである。（敬称略）（9月11日）

不健全な日本の政教分離

2022年8月11〜15日にかけて、天宙平和連合（UPF）は韓国ソウルで「サミット2

０２２・指導者会議」を開催した。ＵＰＦは公式的には統一教会・家庭連合から独立した組織であるが、どちらも創設者は同じであり、故文鮮明師とその夫人によって設立された。この会議に参加し、講演した者の中には、マイク・ポンペオ、ニュート・ギングリッチら著名な米国の政治家もいた（他にも多くの人がビデオを通じて参加）。それは純粋な保守派の集会ではなく、世界中から何十人もの閣僚やあらゆる政治信条の人々が集まっていた。

すべての登壇者がＵＰＦだけでなく、とりわけ文師夫妻の世界平和に対する業績に感謝の意を表した。彼らはおそらく、日本ではメディアや一部の政治家が、ＵＰＦの集会に参加した政治家を粛清し、法律で取り締まることを提案していることも知っていただろうが、それを気に留めはしなかった。

暗殺された安倍晋三元首相は、21年に行われたＵＰＦのイベントにビデオを送り、22年の別のイベントにメッセージを送っていた。暗殺犯は、母親が統一教会に対する過度の献金によって02年に破産しており、教会の支持者である安倍を成敗したかったと主張している。

日本の統一教会には、古く、強力で、よく組織された敵がいる。彼らは素早く記者会見を開き、友好的な記者を呼び集め、犯人ではなく被害者である安倍と統一教会を非難するキャンペーンを開始した。彼らはまた、ＵＰＦやその他の統一教会関連組織のイベントに参加した日本の政治家を名指しで非難するリストを公表した。彼らはこれら政治家に対し、これらの組織との関係を断つと公言するよう要求し、閣僚に対しては辞任まで要求した。

日本では都市伝説も拡散され、ファクトチェックもなしに海外メディアで報道された。そのうちの一つが、安倍の祖父である岸信介元首相が、彼の保守的な計略を支援してもらうことを望んで、統一教会を韓国から日本に招いて拡大させたというものである。この主張は誤りである。韓国の宣教師が日本に統一教会を持ち込んだのは1959年であり、それは日本の信者が岸に会った1960年代半ばよりもかなり前のことである。

一部メディアが主張している、与党・自民党が選挙に勝つために統一教会の票や選挙運動ボランティアに「大きく依存している」という話もまた誤りである。自民党は2000万以上の票と100万人以上の活動的な党員を有している。統一教会の信者はこの中のほんの小さなパーセンテージにしかすぎないであろう。最後に、自民党の政治家だけが統一教会の関連団体のイベントに参加したというのも誤りである。同じ敵対的なメディアが、イベントに参加した他党の国会議員の名前も挙げている。

何が真実かと言えば、安倍と祖父の岸が共感を表明していたのは、宗教としての統一教会というよりは、国際勝共連合と呼ばれる教会関連組織であり、この団体が日本で主導的な反共組織として出現していたということだ。国際勝共連合が反共の政治家への支持を呼び掛け、共産主義の脅威を懸念する政治家が勝共連合を支持したのは驚くべきことではない。

これの何がいけないのだろうか。他のいかなる民主国家から見ても、日本の論争は非現実的で危険である。現在、自民党と連立政権を構成している与党・公明党は、日本最大の仏教

8月12日、韓国ソウルで開かれたUPFの国際会議で安倍晋三元首相に献花をささげる各国指導者ら

運動である創価学会のメンバーによって創設された。公式的には1970年以降、創価学会と分離されたものの、この仏教運動と密接な関係を維持している。リベラルな左翼カトリックを含め、その他の宗教団体が自民党を声高に批判し、野党を支持する勢力として出現した。確かに、日本には100年にわたる「政教非分離」の伝統があるが、批判も常にあった。

　民主的な社会では、すべての市民が政治的討論に参加し、自ら選んだ政治家を支持し、特定の政党を応援する運動を行う権利を有している。宗教を信じる者に対して、その他すべての市民に認められた権利を否定することは極めて非民主的であろう。

　私はカトリック教徒として、ローマ教皇ヨハネ・パウロ2世とベネディクト16世が教会と国家の健全な分離としての「世俗性（secularity）」と「世俗主義（secularism）」を区別した有名な言葉に触発されたが、他の宗教指導者たちも同じ区別を強調している。世俗性はイランで典型的に見られるような宗教的権威と政治的権威の混同を防ぐために必要なものだが、世俗主義は宗教の信者たちが信仰に触発され、その他すべての市民と同じ権利と義務をもって自由に政治に参加することを禁止するイデオロギーなのである。

世俗主義の名の下で、神を信じる者たちを政治的活動や公職から排除することは、彼らを二級国民とし、国の生活や制度に参加する基本的な権利を奪うことになる。特定の不人気の宗教の信者を政治から排除している反民主主義国は少なくない。パキスタンがアフマディー教団と呼ばれる宗教的マイノリティーが投票したり公職に就いたりするのを阻止していることを、国際機構は適正に監視している。

統一教会とその関連団体のイベントに参加した政治家を調査して糾弾することは、シンプルなメッセージを伴っている。日本では、たまたま信者である市民が信者として民主的プロセスに完全に参加する自由と、政治家が自分で選んだ宗教の指導者や信者と相談し協力する自由の両方が危険にさらされているということだ。

事実、日本のメディアの中には、政治家は統一教会のみならずいかなる宗教とも協力を禁じられるべきであると厳密に要求する、過激な声も一部に存在する。これは健全な政教分離ではない。それはイデオロギー的であり、反民主主義的であり、差別的な世俗主義である。

政治家が統一教会またはその他のいかなる宗教のイベントに参加する権利、および議席やキャリアを危険にさらすことなく支持者やボランティアの中に宗教者を含めることのできる権利を守ることは、同時にすべての宗教の信教の自由、ひいてはすべての日本国民の信教の自由を守ることを意味するのである。（敬称略）（9月13日）

蔓延するヘイトスピーチ

もしあなたがこれまでに殺害の脅迫を受けたことがあるなら（私は経験がある）、それが楽しいものでないことを知っているだろう。最初は、それを単に悪いジョークだと片付けるが、そのうち、世界はクレージーな奴らで溢れ、中には危険な人物がいるかもしれないとあなたに教える小さな声が聞こえるようになる。夜、怪しい音が聞こえるたびに、心の片隅で、ついに狂った奴が自分を殺しに来たのではないかと疑ってしまう。

これは、安倍晋三元首相が暗殺された後、日本の統一教会・家庭連合の信者の一部が経験していることだ。暗殺犯は、20年前に母親が統一教会に捧げた過度の献金で破産してしまったと主張しており、教会の関連団体の行事にビデオで参加したり、メッセージを送ったりした安倍を成敗するつもりだったという。

日本の特定の弁護士やメディアは、加害者や彼の弱い心を刺激したであろう、広く流布された反統一教会キャンペーンを非難するのではなく、むしろ被害者の側を裁いている。彼らは、統一教会のような「カルト」は公然と辱められ、処罰されるべきだと提言した。

私は2011年に、欧州安保協力機構（OSCE、米国とカナダも参加国）の人種差別・外国人排斥・宗教的不寛容・差別との戦いの代表を務めた。私のポートフォリオで重要だったのは、ヘイトクライムとヘイトスピーチだった。

宗教的マイノリティーに対するヘイトスピーチを聞いたすべての人がヘイトクライムに加担するわけではないが、実行する者もいる。日本では、統一教会に対する憎しみが広まり、一部信者に対する殺害の脅迫をもたらしている。

これらの事件を報じる日本メディアの記事は、読者のためにコメント欄を設けており、殺害の脅迫を付け加えるコメントを投稿した者もいた。私は、日本の警察がこれらの投稿に注意を払うよう希望する。私たちは現在、安倍を暗殺した人物がソーシャルメディアに侮辱や脅迫を投稿することによって統一教会へイターとしてのキャリアをスタートさせたことを知っている。その物語がどんな結末を迎えたか、私たちは皆知っている。

ヘイトスピーチは性質上、蔓延（まんえん）していくものだ。いったんメディアやインターネットを通して拡散されると、その影響はもはや制御不能になる。日本の統一教会信者は、路上での侮辱、職場での嘲笑、学校でのいじめを報告しており、さらには配偶者から離婚された者もいるという。私たちは、言葉による暴力が身体的暴力や殺人にまでエスカレートしないよう希望し、祈ることしかできない。

ヘイトスピーチの致命的な影響は過去のものだけではない。パキスタンでは毎月、いや毎週、アフマディー教徒が殺されている。彼らは、メディアや多数派宗教の説教者によるヘイトスピーチの標的とされた宗教運動のメンバーだ。

またヘイトスピーチは差別の素地をつくる。その差別とは、マイノリティー集団のメンバーを標的として、彼らを二級市民とする法律のことだ。それはすでに、日本の統一教会に対して起きつつあることだ。世界のすべての民主主義国家と同様に、日本でも宗教への寄付は非課税だが、統一教会への寄付は「本物」の宗教ではなく、詐欺的「カルト」に捧げられており、販売に対して支払われた対価と見なして課税すべきだと主張されている。

日本人が何か新しいものを発明したわけではない。日本の一部で現在、模範と称賛されているのが、「カルト」に対して奇妙な公式政策を採っているフランスだ。同国はかつて、「カルト」のリストに含まれるエホバの証人や他の団体への寄付が、贈与ではなく商品やサービスへの支払いであり、課税する必要があると主張した。しかし、欧州人権裁判所はそれを認めず、寄付を販売に対する支払いとして再定義することは、フランス当局が嫌悪し、「カルト」のラベルを貼った宗教団体を差別する手段にすぎないと裁定した。フランスは、エホバの証人と他の二つの宗教運動がすでに支払った税金に加え、弁護士費用と損害賠償金を払わなければならなかった。

日本は欧州人権条約に加盟していないが、第18条（注）に類似の規定がある世界人権宣言に署名している。国連は1993年に出された「総評22号」と呼ばれる公式解釈で、「第18条は伝統的宗教にだけ適用されるのではない」と述べている。国連は「新しく設立された、または優勢な宗教コミュニティーの側から敵意の対象となり得る宗教的マイノリティーを代表しているという事実を含め、いかなる理由であれ、いかなる宗教や信念を差別するいかなる傾向」に対して警告を発した。

日本の統一教会信者たちに対するさらなるメディアの不寛容と行政上の差別を防ぐ方法は、大規模な連合を構築することだ。どの宗教が良くて、どの宗教が悪いか、あるいは「カルト」であるかを決める権限を当局に与え、後者の宗教への寄付を本当の寄付ではないと宣言して課税することは、すべての宗教団体にとっての脅威であることは誰の目にも明らかだろう。これは世俗的といわれる国家の制度を新たな異端審問に変えてしまう。

一部の日本メディアは、統一教会が「普通」の信仰を持つ宗教ではなく、その創始者である文師について奇妙な主張をしていると異議を唱えている。そこで私の出番である。私もまた、創始者について誇大な主張をする宗教を信じている。その名前はキリスト教だ。私はキリスト教徒として、2000年前に犯罪者として処刑されたユダヤ人が今日もなお生きていると信じている。私はまた、彼が処女の母親から生まれ、死者を蘇(よみがえ)らせたと信じている。これは統一教会の信者が文師についてしているどの主張よりも誇大なものだ。(敬称略)

(注) 世界人権宣言第18条　すべて人は、思想、良心及び宗教の自由に対する権利を有する。この権利は、

宗教又は信念を変更する自由並びに単独で又は他の者と共同して、公的に又は私的に、布教、行事、礼拝及び儀式によって宗教又は信念を表明する自由を含む。（９月14日）

メディアが生む「暴徒心理」

１８９５年、フランスの人類学者ギュスターヴ・ル・ボンは、非常に影響力ある著作となった『群衆心理』を出版した。学術的な批判がなかったわけではないが、レーニン、ヒトラー、ムソリーニによって研究され、彼ら全員がこの本からヒントを得たことを認めている。ル・ボンは新しい科学を確立し、それを「群衆心理」と呼んだ。しかし、彼が描写した群衆のほとんどは、社会的な破壊活動に夢中であり、現代の英語では「モブ」、すなわち「暴徒」と呼ぶ方がふさわしいであろう。

ル・ボンは、暴徒をつくり出す３段階のプロセスについて説明した。一つ目は暗示だ。彼は現代社会の市民はメディアやプロパガンダによって簡単に影響を受け、操作されていると信じていた。彼がこれをテレビやインターネットが出現するはるか以前に書いたことを思えば、予言的なコメントである。

第２段階は伝染だ。昨今のパンデミックを通して、われわれはウイルスの拡大は目に見えず、誰にも止められないことを知っている。ル・ボンは、今日われわれがフェイクニュースと呼んでいる神話や偽情報でも、同じことが起こると指摘した。

ル・ボンの第3段階は匿名性だ。暴徒の中にいる個人は互いを知らないかもしれないが、同じ行動を示し、「集団心理」によって統治されているように見える。これはまるで、目に見えない巣の中心で彼らの行動を管理している悪質な蜘蛛のようである。匿名で行動しているが、何百万人もの人々が同時に同じことをしているのを知っているので、暴徒の中にいる人々は自分には個人的責任がないと信じ、無敵感に陶酔する体験をしている。

ル・ボンの本は驚くほど近代的で、現代のソーシャルメディアを念頭に置いて書かれているかのようだ。匿名性に保護され、暴徒のようなサイバー戦争に参加している何百万人もの自称戦士たちは、法的責任から逃げられると信じてターゲットを侮辱し、自分たちは無敵の軍隊の匿名の兵士であると感じているのだ。

安倍晋三元首相の暗殺事件後、日本は暗示、伝染、匿名性によっていかに暴徒がつくり出されるかの典型的な事例を目撃している。暗殺犯は、安倍が統一教会・家庭連合の関連団体のイベントに出席したことを理由に成敗したかったと主張した。殺人犯は、母親が所属する教会への過度な献金によって破綻したと信じていた。

何が起こったかは明らかである。安倍を殺した犯人がいて、被害者がいる。被害者は安倍自身であり、殺人犯がその指導者を殺そうと計画した統一教会もまた被害者だ。しかし、暴徒の心理は論理や事実とは無関係に働くのだ。

暴徒は自発的に形成されるものではない。日本の統一教会には強力な反対派がいて、彼らはメディアに暗示を拡散し、教会は被害者ではなく、安倍の死に対して何らかの責任を負っているのだと多くの人々に信じ込ませた。暗示は伝染によって拡散され、匿名の暴徒が形成されていった。互いに面識のない個人が集団心理に従い、侮辱し、脅迫し、時には犯罪を行っている。だが、彼らは群衆の一部であることや、電話やコンピューターの後ろに隠れることによって守られていると感じているのだ。

安倍の暗殺から8月20日までに、日本の統一教会は約１５０件の嫌がらせを受けたことを記録している。しかし、これは今も継続中であり、おそらくその数はもっと多いであろう。なぜなら、個々の教会員に対する侮辱や脅迫は必ずしも本部に報告されないからだ。

これらの事件の記録を吟味すると、憂慮すべき事態であることが分かる。ル・ボンの時代には存在しなかったテクノロジーによって、今日の暴徒がいかに簡単かつ迅速に形成されているかを示しているのだ。家庭連合の本部や支部に脅迫電話をかけた人々の言葉が録音されているのだが、その多くが「報道を読んだ」とか「テレビを見た」などの言葉で始まっていた。

暴徒心理学の典型的なプロセスを通じて、彼らは自分が聞いたことを信じ、メディアは当然、「真実を語っている」と説くのだ。彼らは自分たちが統一教会の即席「専門家」になったと信じているだけでなく、私的制裁を加えるために「何かをする」用意があるとも感じている。

彼らが、統一教会が「安倍を殺した」ことを自分は知っていると信じ、それを電話口で叫んだり、インターネットに書き込みをしたのは、彼らがそれを読んだり、テレビで聞いたりしたからであった。しかし、実際に安倍を殺したのは、教会の狂信的な反対者であった。彼らはまた、統一教会は「洗脳を用いる」とか「犯罪を行っている」と主張するが、洗脳は新宗教運動を研究する主流の学者たちによってはるか以前に疑似科学として否定された概念である。

また、電話やコメントの一部には、憂慮すべき人種差別的なニュアンスが含まれている。「韓国人は韓国に帰れ」「韓国人が関心あるのはカネだけだ」「貴様らは韓国の反日団体だ」などだ。確かに、統一教会の創設者は韓国人であるが、日本の信徒は圧倒的に日本人が多い。

まさにル・ボンが予言した通り、匿名性と責任を追わないという有害な感覚が、暴徒を次第に犯罪へと駆り立てている。7月17日には、何者かがネット掲示板に「明日の朝、本部教会に行って、全員ナイフで殺してやる」と投稿した。愛知、北海道、大阪の統一教会も殺害予告を受けている。奈良では、牧師に対する殺害予告を警察に報告した結果、予防措置として地方教会が閉鎖されることとなった。

東京、奈良、大阪では、街宣車が教会周辺を回りながら、敵対的なスローガンを叫んだ。その一部は過激な右翼勢力が行ったもので、8月4日には大阪で「韓国の反日団体は日本から出ていけ！」と叫んだ。

愛知では、8月15日に教会の郵便受けが黒く塗りつぶされ、安倍の暗殺犯を称える落書きがスプレーで描かれた。

これらすべての危険性を十分に理解するために、われわれはル・ボンに帰る必要がある。一つや二つの個別の事件は些細なこととして片付けられてしまうかもしれないが、殺害の脅しが実際の暴力にエスカレートする可能性は常にある。１００件以上の事件は、今や匿名の自称自警団という暴徒が活動していることを示している。

彼らはお互いのことを知らないが、全員が巣の中心にいる悪質な蜘蛛によって操られている。その蜘蛛は憎悪し、中傷し、差別し、いつの日か誰かを殺すかもしれない。（敬称略）（9月15日）

「カルトは存在せず」が定説

安倍晋三元首相は２０１４年6月6日、バチカンのローマ教皇フランシスコを訪問した。安倍は17世紀日本の「魔鏡」のレプリカを教皇に贈呈した。一見、普通の鏡に見えるが、太陽の光が当たるように傾けると、イエス・キリストの像が現れる。当時、日本のキリシタンたちはこの魔鏡を使わなければならなかった。もしキリスト教の像やシンボルを持っているのが見つかれば、処刑されたからだ。安倍は、16世紀から17世紀にかけての弾圧で５０００人以上のカトリック教徒が日本で殺されたことをカトリック教会に謝罪した。その多くがはりつけにされた。

1829年に至ってもなお、女性3人と男性3人がキリスト教という「邪宗」の信者であり（おそらく彼らはそうではなかった）、黒魔術を使って信者を獲得した罪により、大阪の街を引き回しにされ、はりつけにされた。

安倍の謝罪は称賛に値するが、遠い過去の残虐行為に言及したように見える。いや、そうではないかもしれない。ジェームズ・T・リチャードソン、ウー・ジョンキンといった学者たちは、西洋で魔女が火あぶりにされたり、王朝時代の中国や日本で「邪宗」が血なまぐさい弾圧を受けたりしていた時代と、状況はそれほど変わっていないと書いている。唯一変わったのは、黒魔術が世俗化されて洗脳になったことであろう。洗脳は「カルト」が不可思議な心理テクニックを用いて信者たちを言いなりにするという疑似科学的な概念である。

皮肉なことに、安倍は日本でキリスト教が黒魔術を使う「邪宗」として弾圧されたことについて謝罪したのだが、彼の暗殺は、統一教会・家庭連合に対して現代版の黒魔術である洗脳によって献金を手に入れる「カルト」のレッテルを貼り、「カルト」全般への弾圧を訴えるために用いられている。

これらの主張を支えている歪（ゆが）んだ論理は、安倍の暗殺犯が統一教会を憎んだのは、母親が20年前に教会に高額の献金をしたためだという事実に基づく。教会の関連組織のイベントに安倍がビデオを通して参加したことを理由に、彼は安倍を殺して成敗したというのだ。暗殺犯を非難するのでもなく、また彼を刺激した反統一教会キャンペーンを非難するのでもなく、論理と公正性は見事なまでにひっくり返り、被害者が裁きにかけられている。

しかし、「カルト」とは何であろうか。宗教学者の大多数は、カルトは存在しないという考えで一致している。「カルト」とは、理由は何であれ、強力な圧力団体が嫌うグループを差別するために用いるレッテルにすぎない。

これは昔からそうだったわけではない。「カルト」やフランス語の「セクト」（この言葉は「セクト」ではなく「カルト」と英訳される）などラテン語の「セクタ」に由来する他言語で機能的に同じ意味を持つ言葉は、20世紀初期の社会学では正確な意味があった。

これらの言葉は、全員もしくは大部分の信者が生まれながらその信仰を持っているのではなく、大人になってから改宗した若い宗教を意味した。初期の社会学者たちによって用いられた例は、イエスと使徒たちは皆、生まれながらのクリスチャンだったのではなく、ユダヤ教から改宗した者たちだったため、「カルト」の一員だったというものだ。

数世紀を経て、生まれながらのクリスチャンが大多数を占めるようになり、キリスト教は「カルト」（あるいはフランス語の「セクト」）から教会へと進化したのである。この用語を用いたほとんどの学者は、彼ら自身がクリスチャンであり、明らかに「カルト」という言葉は彼らにとって否定的な意味合いを持っていなかった。

しかしながら、20世紀に入って、犯罪学という新しい科学が幾つかの古い先例とともに、「カルト」という言葉を全く異なる意味で使い始めた。「カルト」は、組織的な犯罪を行ったか、あるいは将来犯罪を行いそうな宗教団体になった。

この「カルト」の意味は、江戸時代の日本でキリシタンを弾圧してはりつけにするために用いられた「邪宗」という表現に似ている。

これはまた混乱を引き起こした。１９６０年代の社会学者なら、イエスと使徒たちは「カルト」の一員であったかと尋ねられれば、伝統的な社会学のカテゴリーに基づいてそうだと答えただろう。しかし、この言葉の犯罪学的な用法がメディアまでも支配してしまったため、そう言えば初期のクリスチャンたちが誤解され、犯罪者のレッテルを貼られてしまうというリスクが生じた。

このため、少なくとも80年代には、英国の社会学者アイリーン・バーカーに代表される国際的な宗教社会学者たちが、「カルト」という言葉を放棄して、「新宗教運動」という言葉を、第1世代の改宗者が信者の大部分を占める新たに創られたグループに対して用いるようになった。

彼らは犯罪学者たちが使う「カルト」の用法を承知しており、宗教の名の下に日常的に犯罪を行うグループの存在を否定しなかった。しかし、これは「新しい」宗教のみならず、「古い」宗教伝統の中にも存在した。

例えば、小児性愛者のカトリック司祭のネットワークや、イスラムの名前を使用または誤用するテロリストなどだ。「カルト」という言葉は混乱を引き起こすだけであるため、彼らは別の表現を採用した。その中には、署名者によって提案された「犯罪的宗教運動」という言葉も後に含まれるようになった。

犯罪的宗教運動とは、組織的に犯罪を行うか、少なくとも身体的暴力、レイプ、児童虐待、殺人などの一般的な犯罪を扇動するグループを指す。１９６０年代後半以降、「反カルト」活動家団体が出現し、「カルト」の活動を制限するよう要求した。彼らは「カルト」を殺人や性的虐待などの一般的な犯罪を行う運動ではなく、洗脳という架空の犯罪を行う集団だと定義した。

「洗脳」は冷戦時代に米中央情報局（ＣＩＡ）によって造られた言葉で、中国の毛沢東主義者やソ連が用いたとされる、「普通」の市民をほとんどあっという間に共産主義者に変えてしまう不可思議なテクニックのことを指す。それが後に「カルト」に適用された。１９９０年までに、この言葉は宗教学者によって、特定の団体を差別するためだけに用いられる疑似科学であることが暴かれ、少なくとも米国では法廷で否定された。

安倍暗殺は今や、洗脳という死語を復活させ、悪い「カルト」は良い「宗教」とは違って精神操作によって信者や献金を集めているという説に利用されている。欧州の魔女狩りや安倍が謝罪した日本のキリシタン弾圧の時代と同じように、黒魔術（洗脳はその世俗化バージョンにすぎない）や「邪宗」の非難は、批判を受ける者たちの非人間化、差別、弾圧につながる。

今日、その番は統一教会に回って来た。明日は、ある教団が「カルト」だとメディアを説得できる強力な圧力団体を敵に持つあらゆる宗教に回ってくるかもしれない。（敬称略）（9月16日）

仏革命の恐怖政治を彷彿

フランス革命の恐怖政治は、約3万人の司祭、修道女、一般カトリック教徒の命を奪った。カトリック教会に反対する世論を煽(あお)るために、恐怖政治の首謀者たちは、彼らが常に効果的であると知っていた論法を用いた。お金である。数え切れないほどのパンフレットや新聞記事、風刺画を通じ、強欲な司祭たちが法外な献金を要求して家族を破滅させたことを示したのである。

共産主義者のプロパガンダは、その教訓を学んで実行した。モンゴルが共産主義政権下にあった時、約6万人の仏教僧侶が殺された。政権は大規模なプロパガンダポスターキャンペーンでそのお膳立てをした。キャンペーンでは、僧侶たちは過重なお布施を要求してモンゴル人の血を吸う吸血鬼として描かれたのだ。

われわれは今、安倍晋三暗殺後の日本で、統一教会・家庭連合に対する同様のプロパガンダを目撃している。暗殺犯は、母親が統一教会への献金によって破産したと信じていたため、統一教会を憎んでいた。教会の関連団体が主催したあるイベントにビデオを送り、別のイベントにはメッセージを送ったことを理由に、安倍を成敗したかったと主張している。

日本には、「全国霊感商法対策弁護士連絡会」として知られる反統一教会グループが存在する。彼らは、数え切れないほどの日本人が、献金と統一教会によって法外な価格で販売された価値のない工芸品の購入によって破滅させられたと主張している。

「霊感商法」とは、１９８０年代に日本の反統一教会左翼メディアによってつくられたレッテルだ。ハッピーワールドという会社が日本に壺や多宝塔のミニチュアを輸入し、販売していた。それらを購入した人々の一部は、統一教会以外の小さな新宗教と関わりがあり、これらの工芸品には良い霊的エネルギーが吹き込まれていると主張した。

当然のことながら、ハッピーワールドはこれに満足し、価格を引き上げた。統一教会は壺や多宝塔を販売しておらず、それらの神秘的な力についての主張とは何の関係もなかった。しかし、ハッピーワールドを運営していたのは統一教会の信者で、収入の一部を統一教会に寄付していた。こうして、特に87年に敵対的な弁護士組織が設立された後、「霊感商法」と非難されるようになった。

87年以降は、壺や多宝塔の販売は停止したが、他の統一教会の信者は絵画や宝石のほか、日本では署名の代わりに使われる印鑑を販売する事業を行っていた。これらの印鑑は高価な材料を用いて精巧に作られていたが、通常よりも高い価格で販売されていた。印鑑も幸運をもたらすと主張されていたからだが、これは日本では他の工芸品でもよく言われることだった。ここでも、これらの商品を販売していたのは統一教会ではなく、その信徒たちであり、彼らはその収入の一部を教会に献金していた。

2000年には既存の訪問販売法が大きく改正され、名称が「特定商取引法」に変わった。この法律は、売買を成立させるために購入希望者を「威迫困惑」させることを禁じるものだった。この法律に基づいて、印鑑を販売した統一教会の信者が勾留され、最終的には執行猶予付きの懲役刑が言い渡された。

敵対的な弁護士たちは、別問題である統一教会に対する献金についても、「霊感商法」のレッテルを用いた。

彼らは、教会が生きている者たちと他界した愛する者たちの永遠の救いを「販売している」と主張し、献金に反対したのだ。

彼らは、献金が高額である場合には、「詐欺的または脅迫的な」手段によるか、献金する者の「自由意思」を剥奪する「心理的なテクニック」（信憑（しんぴょう）性のない疑似科学である洗脳理論に危ういまでに近い概念）を用いて得られたものと推定すべきだという怪しげな原則を、幾つかの法廷を説得して確立することに成功した。

献金を捧（ささ）げた者たちに対する感謝の記念品もまた、悪意を持って「霊感商法」で販売された商品と混同された。

一部のカトリック組織では、重要な献金を捧げた者が教皇のサイン入りの本や賞状を受け取ることがある。明らかに、彼らは高額を支払って賞状や本を「買っている」のではない。本や賞状は、献金に対する教会の感謝の念を思い起こさせる象徴にすぎない。

弁護士たちは、「カルト」のレッテルを貼られたグループに対するキャンペーンでよくある作り話を利用した。彼らは、主流の宗教と共通するものを独特な習慣であると指摘するのだ。

カトリック教会は、死後の多くの魂が天国と地獄の間の一時的な状態である煉獄に行くと信じている。煉獄で過ごす時間は、親戚や友人による祈祷、司祭に敬意を表するミサ、および献金によって短縮することができる。

事実、マルティン・ルターがローマ教会から分離した理由の一つは、カトリックの贖宥状（免罪符）の教義を嫌ったからであり、献金によって自動的に煉獄での期間が短縮されるかのように教えていたからだ。仏教の教団にも似たような教えがあり、亡くなった親族のより良い転生や恐ろしい八寒地獄からの脱出をお布施と結び付けている。

何百ものプロテスタント教会が聖書の十分の一の献金を支持し、信徒に対して収入の10％を献金するよう求めている。十分の一献金は強制ではなく可能性として提示されているが、それは統一教会でも同じである。

また統一教会には、30の倍数に当たる金額を4年間にわたって献金するといった固有の習慣があるが、それはユダが銀貨30枚でキリストを裏切ったことに対して、人類が連帯的に責任を負っていることを認めているからだ。

原則として、統一教会の献金に関する神学は、カトリックやプロテスタントのそれと驚くほどよく似ている。

日本の法廷はこれを認識し始めているが、それは今は献金を捧げた者たちが自由意思に基づいて献金したこと、すべての意味を理解していること、そして将来統一教会を訴えないという公証の合意書にサインしているためでもある。

2021年に家庭連合は献金に関わる一つの訴訟で敗訴したが、他の二つでは勝訴している。その中の一つで東京地裁は、原告が証拠を改竄（かいざん）したことを突き止めた。

この問題は、突き詰めれば神学的であり哲学的なものだ。信じる者にとっては、献金は深い霊的経験であるかもしれない。無神論者や、統一教会のような団体は「本物」の宗教ではないと信じている人々にとっては、どのような警告も十分ではなく、献金が自由で合理的な選択の成果として認められることがあってはならないのである。（敬称略）（9月17日）

国連NGOによる「自由権規約人権委員会」への報告書

旧統一教会叩き「国際法に違反」

国連経済社会理事会で特殊諮問資格を持つ欧州の非政府組織（NGO）が、日本で安倍晋三元首相銃撃事件を機に世界平和統一家庭連合（旧統一教会）信者に対する深刻な人権侵害が起きているとして、国連の自由権規約人権委員会に緊急対応を求める報告書を提出した。同委員会は日本も批准している「市民的及び政治的権利に関する国際規約（自由権規約）」の実施を監督する機関だが、報告書は日本の旧統一教会への対応について、信教の自由や参政権などを保障した同規約のさまざまな条項に違反していると糾弾している。

＊　＊　＊　＊　＊

報告書で旧統一教会をめぐる日本の状況について国連に苦情を申し立てたのは、パリに拠点を置く「良心の自由のための団体と個人の連携（ＣＡＰ―ＬＣ）」という信教の自由擁護に取り組む国際団体。

報告書は、日本で旧統一教会に対する「不寛容、差別、迫害のキャンペーン」が繰り広げられ、「信者の人権が深刻かつ組織的に、そしてあからさまに侵害された」と断言。国連自由権規約人権委員会に対し、「日本の信者の苦しみが続いていることを鑑み、これらの問題が緊急に解決されることを望む」と訴え、来月10日から始まる会合で取り上げるよう要求した。

自民党は旧統一教会および関連団体と一切関係を持たないと宣言した。だが、報告書は「神を信じる者たちを政治的活動や公職から排除することは、彼らを二級国民とし、国の生活や制度に参加する基本的な権利を奪うことになる」と批判。「市民が信者として民主的プロセスに完全に参加する自由と、政治家が自分で選んだ宗教の指導者や信者と相談し協力する自由の両方が危険にさらされている」とし、日本の状況は差別や不合理な制限なしに政治に参加する権利を保障した自由権規約第25条に違反すると断定した。

旧統一教会に対する献金を制限する措置が検討されていることについて、報告書は信教や良心の自由を保障した自由権規約第18条、宗教などに基づく差別を禁じた同26条、結社の自由を保障した同22条に違反すると警告した。

フランスをモデルに「反カルト（セクト）法」の制定を求める意見も出ているが、報告書は反カルト法について同18条に違反すると明言。欧州裁判所はフランスがカルトと認定した宗教団体への寄付に課税したことを「嫌悪する宗教団体を差別する手段にすぎないと裁定した」と指摘した。

報告書はまた、旧統一教会批判が過熱する中で、信者に対する差別やヘイトスピーチ、脅迫、暴力が起きていることを具体的事例を挙げて問題視。この状況は信教の自由侵害だけでなく、身体の自由や安全を保障した自由権規約第9条に違反するとし、「弁護士やメディアが統一教会のようなカルトは公的に辱められ、処罰されるべきであると示唆している」ことが危険な風潮を煽（あお）っていると批判した。

さらに報告書は、全国霊感商法対策弁護士連絡会（全国弁連）の一部弁護士が旧統一教会信者に対する「ディプログラミング」と呼ばれる強制的な改宗行為を支持していることを批判。ディプログラミングはほとんどの国で禁止されているにもかかわらず、日本では拉致・監禁などの行為によって強制改宗させられた旧統一教会信者が約４３００人に上るという。

報告書は、全国弁連がこれらの元信者に旧統一教会を訴えさせることで「莫大な利益を得ている」と痛烈に非難。また、全国弁連の旧統一教会を中傷する主張が国内外のメディアに受け入れられていることについて、名誉や信用を傷つけることを禁じた自由権規約第17条などに違反すると明記した。

河野太郎消費者担当相・消費者庁が設置した「霊感商法等の悪質商法への対策検討会」には全国弁連の紀藤正樹弁護士が加わっているが、報告書は「公平でも信教の自由に好意的でもない全国弁連の弁護士が加わり、統一教会に対するさらなる措置を検討していることは大いに憂慮すべきことだ」と表明した。政府が設置した合同電話相談窓口についても、旧統一教会に関するトラブルの相談だけを受け付けるのは、「自由権規約が禁止する明確な差別の事例」と断定した。

（９月22日）

「全体主義を彷彿」　追加報告書を提出

国連経済社会理事会で特殊諮問資格を持つ欧州の非政府組織「良心の自由のための団体と個人の連携（ＣＡＰ－ＬＣ）」は、日本で安倍晋三元首相銃撃事件を機に起きている世界平和統一家庭連合（旧統一教会）信者への人権侵害について、国連自由権規約人権委員会に追加報告書を提出した。同団体は先月、旧統一教会に対する差別や迫害は日本が批准する「市民的及び政治的権利に関する国際規約（自由権規約）」のさまざまな条項に違反すると非難する報告書を提出したが、追加報告書はさらに、日本政府の対応を「全体主義を彷彿させる」と厳しく批判し、同委員会に緊急に対処することを求めた。

＊　＊　＊　＊　＊

ＣＡＰ－ＬＣはパリを拠点に信教・良心の自由擁護、特に少数派宗教が直面する差別解消に長年取り組んできた国際ＮＧＯ。ＣＡＰ－ＬＣが国連自由権規約人権委員会に提出した最初の報告書は、ローマ教皇庁立外国宣教会の公式通信社「アジアニュース」が報じるなど、海外の宗教界からも注目を集めている。

追加報告書は、河野太郎消費者担当相が設置した「霊感商法等の悪質商法への対策検討会」について、「特定の宗教を標的にした政府委員会の存在そのものが、宗教や信条の自由に関する自由権規約第18条や差別禁止に関する同26条と矛盾する」と明記し、「検討会の目的や委員の構成を考えると、統一教会を標的にし、差別的な体制をつくろうとしていることは疑いがない」と非難した。

特に、検討会に全国霊感商法対策弁護士連絡会（全国弁連）の紀藤正樹弁護士が加わっていることを問題視し、「紀藤氏は過去に、統一教会の成人信者を強制的に棄教させる目的で、拉致・監禁という違法行為に従事したディプログラマーの代理人を務めた弁護士の一人だ」と指摘。「検討会には過激な統一教会反対派が含まれる一方で、宗教学者が一人もいないという事実が、この検討会の悪意を際立たせている」と断じた。

追加報告書はまた、「文部科学省が消費者庁に明らかにしたように、統一教会は団体としても、全国レベルの指導者たちも、何らかの罪で有罪になったことはない。一部のいわゆる専門家が『いかがわしい』と見なしているという理由だけで教会を解散させる方法を探し出そうとすることは、自由権規約第18条に基づく日本の信教の自由義務と矛盾する」と主張。「これはむしろ、犯罪の疑いがあるというだけで個人を逮捕したり、団体を禁止したりする全体主義体制のやり方を彷彿させる」と厳しい表現で批判した。

CAP-LCのティエリー・バレ会長

日本の人権状況日々悪化

検討会が「信者の精神的な恐怖感」による寄付を禁止しようとしていることについて、追加報告書は「永遠の救いを失うことへの恐怖は一神教の構成要素だ。イスラム教徒、ユダヤ教徒、キリスト教徒は死後に地獄に行くことを怖(おそ)れている」と指摘。「どの宗教でも『精神的な恐怖感』によって信者が導かれる善行の中に宗教組織への施しや寄付がある。これは統一教会だけの特徴ではなく、精神的な恐怖感の健全な意義を説く者を法律で規制すれば、ほとんどの宗教を法律で規制することになる」とし、曖昧な定義に基づく寄付の制限はすべての宗教を抑圧することになると警告した。

追加報告書はさらに、消費者庁に寄せられた「霊感商法」に関する相談件数のデータでは、2021年は旧統一教会に関する相談が全体の1・87％にすぎなかったことを挙げ、「統一教会だけを槍玉(やりだま)に挙げるのは著しく差別的であり不当だ」と主張した。

一方、政府が設置した合同電話相談窓口には、9月5～22日に1952件の苦情が寄せられ、旧統一教会関連が1317件を占めた。追加報告書は、苦情が突如増えたことは旧統一教会への敵意が煽(あお)られた結果であるとし、「電話相談窓口は統一教会に対する魔女狩りであること以外、何も証明していない」と非難。「『霊感商法』に関する苦情件数は統一教会以外の団体が圧倒的に多く、統一教会が有効な措置を講じた結果、長年にわたり件数が大幅に減少していることを消費者庁自身のデータが証明している事実を無視している」と指摘した。

追加報告書は結論として、「最も残念なことは、日本の状況が日々悪化していることだ。統一教会・家庭連合をめぐるヒステリーは、日本の人権や宗教・信条の自由を守るために自由権規約によって築かれた防護壁を破りつつある」と主張し、国連自由権規約人権委員会に緊急対応を求めた。

国連自由権規約人権委員会は、1966年に国連総会で採択された自由権規約の実施を監督する機関。日本は79年に同規約を批准。今月10日から来月4日まで開かれている同委員会では、日本の人権状況の審査も行われている。

（10月20日）

「国際的介入で魔女狩り阻止を」　3度目の報告書

国連経済社会理事会で特殊諮問資格を持つ欧州の非政府組織「良心の自由のための団体と個人の連携（CAP－LC）」は4日、日本で安倍晋三元首相銃撃事件を機に起きている世界平和統一家庭連合（旧統一教会）信者への人権侵害に関し、国連自由権規約人権委員会に3度目の報告書を提出した。今回の報告書は「魔女狩りと不寛容のスパイラルを止めるには国際的な介入しかない。委員会側の介入は以前にも増して緊急性を帯びている」と主張し、国連が緊急対応をしなければ、深刻な宗教迫害へと発展すると警告している。

＊　＊　＊　＊

国連自由権規約人権委員会は、日本が批准する「市民的及び政治的権利に関する国際規約（自由権規約）」の実施を監督する国連機関。CAP－LCは9月と10月にも報告書を提出して対応を求めてきたが、「日本の状況は悪化を続けている」とし、3度目の報告書提出に踏み切った。CAP－LCはパリを拠点に信教・良心の自由擁護、特に少数派宗教が直面する差別解消に長年取り組んできた国際ＮＧＯだ。

３度目の報告書は、日本における過剰な旧統一教会叩きは、「不寛容」から「差別」、さらには「迫害」へと進む「３段階の危険な坂道」を転げ落ちていると警告。日本を全体主義体制と比較することはできないとしながらも、ナチス・ドイツによるユダヤ人迫害は、この３段階を経てアウシュビッツ強制収容所の虐殺に至ったことを挙げ、日本の状況に深刻な懸念を表明した。

岸田政権が宗教法人法に基づく質問権の行使を決定し、解散命令請求に向けた手続きを進めていることについて、報告書は「いかなる犯罪でも有罪になっていない宗教団体を解散請求を視野に調査することは、日本の法制史上前例がなく、宗教・信念の自由に関する自由権規約の日本の義務に反する」と批判。自由権規約第14条は推定無罪の原則を定めているが、「家庭連合への敵対的な扱いと政治家の態度から、家庭連合は公正な扱いとその弁護に対する真摯な考慮がほとんど期待できない」とし、「家庭連合はプロセスの最初の段階から有罪と推定されている」と非難した。

自民党が所属国会議員に対し、教団との関係遮断を指示する文書を配布したことについては、「結社の自由に関する自由権規約第22条および政治参加の権利に関する同25条のあからさまな違反だ」と断言。「宗教上の理由だけで、最大政党の政治活動に自由に参加できない二級国民のカテゴリーが生みだされている」と強い懸念を表明した。

10月13日、ジュネーブで日本政府への質疑応答が行われた国連自由権規約人権委員会の会合（中継動画より）

外務省は２０１９年度に教団の関連団体「世界平和女性連合」が運営するモザンビークの学校理事長に授与した外務大臣表彰を取り消したが、報告書は「統一教会の『関連団体』に対する攻撃は、今や偏執的レベルに達している」と非難。「世界平和女性連合は国連経済社会理事会で総合諮問資格を持ち、途上国の女性のための取り組みが広く評価されている」とし、「国連で承認された団体が設立者と一部メンバーの宗教上の理由だけで差別されるのは、自由権規約第２条と第18条に違反する」と指摘した。

報告書は結論として、「日本のほとんどのメディアを通じて流布される憎悪のレベル、反統一教会ロビー団体の力、政府が恐れてそれに抵抗できないという事実、これらはすべて、迫害の段階に達する前に魔女狩りと不寛容のスパイラルを止めるには国際的な介入しかないという

結論に至った要因だ」と主張し、国連人権委による緊急対応の必要性を訴えた。（11月7日）

欧米識者「信教の自由擁護を」 WT財団が国際会議

基本的人権である信教の自由が世界各地で侵害されている状況について討議する国際会議が12日、米ワシントン・タイムズ財団などの主催でソウルで開かれた。講演した欧米の有識者たちからは、安倍晋三元首相銃撃事件を機に日本で世界平和統一家庭連合（旧統一教会）に対する「宗教弾圧」が起きているとの懸念が相次いで表明された。

ニュート・ギングリッチ元米下院議長は、旧統一教会の関連団体が展開する勝共運動について、「共産主義の脅威を阻止する上で重要な役割を果たしてきた」と高く評価し、「勝共運動の悪い噂（うわさ）が流れているが、噂の根源地はほとんどが共産主義団体によるものだ」と指摘。「私が懸念するのは、（旧統一教会への）差別を助長する勢力が日本の安全保障を低下させ、中国と北朝鮮の脅威の前で国力を弱体化させようとしている事実だ」と述べ、旧統一教会叩（たた）きが共産主義・反米勢力に煽（あお）られている状況に警鐘を鳴らした。

元英BBCアジア特派員のハンフリー・ホークスリー氏は、日本の大手メディアが連日、旧統一教会の批判報道を繰り広げていることについて、「日本で起きているのはメディアによる弾圧だ」と断言。「旧統一教会が弾圧を受けるのは、家庭の価値観、保守的な価値観を

11月12日、信教の自由に関する国際会議で基調講演するイタリアの宗教社会学者マッシモ・イントロヴィニエ氏

主張しているためだ。それゆえ、リベラル勢力から攻撃を受けるのだ」と主張した。

基調講演したイタリアの宗教社会学者マッシモ・イントロヴィニエ氏は、共産主義の「究極の目標は宗教を滅ぼすことだ」と指摘。共産党の志位和夫委員長が旧統一教会との「最終決戦」を宣言したことに触れながら、「信教の自由の未来は日本の状況によって大きく左右されるだろう。迫害の未来になるのか、それとも自由の未来になるのか」とし、日本が共産主義イデオロギーに屈することは世界に深刻な悪影響を及ぼすとの見方を示した。

このほか、マイク・ポンペオ前米国務長官、サム・ブラウンバック前米信教の自由大使、トランプ前大統領の宗教顧問を務めたポーラ・ホワイト牧師、ヤン・フィゲル前欧州連合（ＥＵ）信教の自由特使らが講演した。（11月13日）

「信教の自由」で政府に請願　国際円卓会議の宗教関係者が憂慮

米ワシントンの「国際宗教自由（ＩＲＦ）円卓会議」（グレッグ・ミッシェル、クリス・サイプル共同議長）がこのほど、日本政府の法相、文科相、文化庁宗務課、警察庁長官、消費者庁長官、米国務省などに宛てて、日本の宗教の自由が脅かされていると憂慮し、「信教の自由を侵すような規制方策を導入しないよう求める」との請願書を送っていたことが分かった。

ＩＲＦ円卓会議は、あらゆる宗教の非政府組織（ＮＧＯ）、個人、政府関係者が宗教や信教の自由のために国際的に協力するため、毎週オンラインで信教の自由について世界で起きている問題を話し合っている。

請願書が問題視する内容は、安倍晋三元首相銃撃事件以来の世界平和統一家庭連合（旧統一教会）を責める世論は同教団に反対する弁護士など一方の主張に偏向していること、また、政府の質問権行使による解散請求の動き、国会で審議されている法人被害者救済新法案で法人への寄付・献金に規制を加えようとしていることなどだ。

請願書は、「市民的及び政治的権利に関する国際規約」（ＩＣＣＰＲ＝自由権規約）の18条「信教、または信条の自由」、26条「差別されない自由」など幾つかの条項に抵触すると警鐘を鳴らしている。さらに「宗教、信仰の自由を尊重し、信仰している宗教を理由に差別されない権利を尊重してきた」民主主義国の日本が、「国際基準である宗教の自由を侵害する中国やロシアのような国々の強権を法律、施策に導入すべきではない」と訴えた。

請願書は11月21日付で、「中国における信教の自由の迫害と人権に関するオンライン雑誌BITTER WINTER」担当理事マルコ・レスピンティ氏ほか「国境なき人権」理事のウィリー・フォートレー氏ら9団体の代表が署名している。

（12月8日）

日本の共産党を警戒せよ　WT紙が強調

下院外交委員会の共和党有力委員、チャボット下院議員（オハイオ州）は6日、バイデン米大統領の外交の失敗で、「世界の舞台での米国の立場は弱くなった」と指摘した。チャボット氏は、中国が「世界で唯一の超大国としての米国にとって代わる」意思を明確にしているにもかかわらず、政府高官らが、中国を「甘やかして」いると警告した。

下院外交委アジア・太平洋・中央アジア・核拡散防止小委員会の有力委員、チャボット氏は、共和党が多数派の次期下院で、中国に関する特別委員会を新設するなど外交への監督を強化する計画であることを明らかにした。中国についてチャボット氏は、競合国であり、米国と同盟国に対して「新冷戦」を起こそうとしているようだと指摘した。

ワシントン・タイムズ財団が主催する月例のオンラインイベント「ワシントン・ブリーフ」

でチャボット氏は、「何十年も対策が取られてこなかったが、今こそ、基本的な取り組み方を見直すべき時だ。残念ながらバイデン政権は、二歩進んでは一歩下がるの繰り返しで、議会民主党はそれについて責任を問うこともなかった」と述べた。

チャボット氏は、過去2年間で外交委員会が中国に関する公聴会を開催したのはわずか1回だったと指摘、「(特に下院民主党は)中国に関して事実上、何もしなかった。新たな共和党多数派の下でこれは変わると思う」と述べた。

また米台関係の重要性を強調、高まる中国からの脅威に直面している民主主義体制の台湾の動向は「軍事作戦立案者らの最大の関心事であるべきだ」と主張、「世界中に紛争の火種はあるが、最も発火しやすく、米国が関与するようになる可能性が高いからだ」と述べた。

チャボット氏は、中国が主張する台湾に対する主権の主張、中国が台湾に侵攻した場合に米国が防衛のために戦うかどうかの問題について、長期にわたって維持されてきた「曖昧戦略」を放棄する時が来たと訴えた。

セミナーには、中央情報局(CIA)に勤務し、長期にわたり米政府外交顧問を努めたジョセフ・デトラニ氏、ジョージタウン大学安全保障研究センターのアレクサンドル・マンスーロフ非常勤教授、長く下院外交委員を務めたダン・バートン元下院議員(共和)も参加した。

バートン氏は、アジアの同盟国に共産主義思想が拡散する可能性に懸念を表明。特に日本について、7月の安倍晋三元首相銃撃の余波が続いていると指摘した。安倍氏は、中国によるアジアでの覇権獲得の動きについて以前から警告していた。

バートン氏は「日本の共産党が、安倍氏暗殺に乗じて、中国に接近しようとしていると聞いている。日本政府が中国や、日本国内の共産主義勢力によって弱体化されるのは望ましくない」と懸念を表明した。

チャボット氏もこれに同意。

「指摘の通りだと思う。安倍氏と日本の共産党は、米国にとって注意を払い、関心を持ち、警戒すべき重要な問題だ」と述べた。（12月10日）

特別寄稿

安倍氏は歴史に残る指導者　反共・自由訴え中国を封じ込め

元米下院議長　ニュート・ギングリッチ

ニュート・ギングリッチ元米下院議長は、安倍晋三元首相の国葬儀が行われたことを受け、安倍氏が国内外に残した功績や現在の日本の政治状況について世界日報に論考を寄せた。

＊　＊　＊　＊　＊

安倍晋三元首相が7月8日、41歳の錯乱した男によって暗殺されたことは、日本の現状を改めて見直すきっかけとなった。

安倍氏暗殺は、精神を病んだ一人の男の犯行だったようだ。しかし、その後、長い間蓄積された反安倍感情の悪魔が、日本の政界に解き放たれた。２００６年から20年まで、安倍氏が日本にかけた魔法が突然解かれたかのようだ。

共産主義、反宗教、反米のあらゆる勢力が、安倍氏の記憶、そして安倍氏が強力かつ効果的に代表していた反共、自由、親米の勢力を破壊しようと、一斉に表舞台になだれ込んできた。

安倍氏の首相としての在職期間は、06～07年、12～20年の2度にわたり、歴代で最長だった。力強く、行動力のあるリーダーだった。英国のマーガレット・サッチャー、イスラエルのベンヤミン・ネタニヤフ、米国のロナルド・レーガン、ドナルド・トランプ氏らと同様、ナショナリズム政策と国防を強力に推進したものの、日本国内ではこれに対する反発も強かった。サッチャー元首相が英国第一主義、ネタニヤフ首相がイスラエル第一主義、レーガン元大統領やトランプ前大統領が米国第一主義を代表するとすれば、安倍元首相は日本第一主義だった。

特に安倍氏が際立っていたのは、米国と緊密な関係を保ち、他の国々と協力して、力と自信を増す共産中国を封じ込めようとしたことだ。安倍氏は、日本が単独で中国に対処していたのでは、独立国として存続できないことが分かっていた。中国の人口と経済成長を考え、同盟国と協力して中国を封じ込める必要があると分かっていた。

同時に、日本が独立国として存続するためには、米国が重要な鍵となることも分かっていた。安倍氏が米国に好感を抱くようになったのは、若いころの経験があったからだ。15年4月29日の米上下両院合同会議演説で述懐したように、初めて米国を体験したのは、学生時代にカリフォルニア州に行ったときだ。ある女性が安倍氏を自宅に温かく迎え入れ、米国の学校に通えるようにしてくれた。その女性は料理が得意で、いつも家に人が立ち寄っていたそうだ。若き日の安倍氏は、この地域社会の交流に心を動かされた。

米議会演説ではこう語っている。「その人たちがなんと多様なこと。『アメリカは、すごい国だ』。驚いたものです。のち、鉄鋼メーカーに就職した私は、ニューヨーク勤務の機会を与えられました。上下関係にとらわれない実力主義。地位や長幼の差に関わりなく意見を戦わせ、正しい見方なら躊躇なく採用する。――この文化に毒されたのか…」

安倍氏はさらに、米国に対する信念は、この個人的な体験よりはるかに深いところにあると述べている。「民主政治の基礎を、日本人は、近代化を始めてこの方、ゲティスバーグ演説の有名な一節に求めてきたからです。農民大工の息子が大統領になれる――、そういう国があることは、19世紀後半の日本を、民主主義に開眼させました。日本にとって、アメリカとの出会いとは、すなわち民主主義との遭遇でした。出会いは１５０年以上前にさかのぼり、年季を経ています」

演説のタイトルは「希望の同盟へ」だった。

暗殺後、反安倍勢力は、この希望的で、反共産主義的で、自由で、信教の自由を守る未来を破壊しようとしている。

敵対勢力や安倍氏の功績をねたむ人々は、最も長く在職した首相の死を悼むどころか、安倍氏の記憶に傷を付け、支持者らを政治から追放しようとしている。日本が共産中国や共産北朝鮮と異なるのは、信教の自由があるからだ。その信教の自由をも破壊しようとしている。日本の左派系メディアもこれに加担した。安倍氏のレガシー（遺産）を傷つけ、歪め、支持者や友人を公の場から追い出そうとしている。

日本の政治でこれほどのヒステリーと悪意が見られたのは、1930年代以来、初めてのことだ。

希望の同盟への訴えが、信教の自由を破壊し、反対する者を中傷し、市民を公の場から追い出そうとする動きに取って代わられたことは、大きな悲劇だ。

安倍元首相は、長く仕えたこの国からもっと温かく見送られるにふさわしい人物だ。

（9月30日）

共産党の狙い　日米同盟破棄へ「反共潰し」

ニュート・ギングリッチ元米下院議長は、日本共産党が世界平和統一家庭連合（旧統一教会）たたきを強める背景について世界日報に論考を寄せた。

＊　＊　＊　＊　＊

安倍晋三元首相が7月8日に暗殺されるという悲劇が起きて以来、左翼はこの卑劣な犯罪を利用し、国会の安倍氏支持者らを駆逐し、安倍氏が支持していた反共組織を排除しようとしている。

とりわけ残念なのは、安倍氏の死が、与党・自民党内の安倍氏支持者や安倍派への攻撃の口実となっていることだ。いずれにしても、安倍氏が日本の歴代首相の誰よりも親米で、誰よりも明確に中国共産党に反対の立場を取ったことは間違いない。

日本共産党による安倍派への攻撃、世界平和統一家庭連合（旧統一教会）たたきは明らかに、安倍氏が政治指導者、国を統治する者として、その生涯を通じて築き上げてきたすべてに対する攻撃だ。

日本共産党はそうすることで、反共組織を排除し、日米の連携を破壊しようとしてきたが、驚くべきことに、それらは日本共産党の機関紙「しんぶん赤旗」でも明記されている。

志位和夫委員長は先月、週刊誌とのインタビューで、日本での反共と親米の状況について説明、赤旗がその内容を取り上げた。

インタビューでは、現在行われている旧統一教会への攻撃が、日本の自由主義勢力、反共勢力を弱体化させるための共産党の長期的戦略の一環であることが明確にされている。

志位氏は、「共産党からすれば統一教会との最終戦争だ」と水を向けられると、「長い闘いだった。振り返れば、彼らが反共の先兵として最初に牙を剝いたのは、革新府政を7期28年務めた蜷川虎三京都府知事の後任を選ぶ1978年の知事選だった」と述懐した。

志位氏は日本共産党委員長としてその発言、主張の中で、敵意をむき出しにした。

旧統一教会への攻撃が自民党、とりわけ反共・親米を前面に打ち出していた安倍派への攻撃でもあることは明らかだ。

また志位氏は、「出発点は…『勝共連合』という統一教会と一体の反共組織を作った。それ以来半世紀にわたる歴史的癒着関係がある」と述べている。

その上で「両者の持ちつ持たれつが問題の本質だ」と強調した。

志位氏は、反米姿勢も明確にした。

赤旗の記事は、「志位氏は、日米同盟の抑止力強化、クアッド（日米豪印4カ国の安保枠組み）など中国包囲・排除の枠組みを強化することでは、軍事対軍事の悪循環に陥ると指摘」したとしている。

志位氏はインタビューで「中国を包摂する。中国も中に入れた枠組みを作ってあらゆることを平和的に解決していく構想を持つべきだ」と主張している。

だが、間違ってはいけない。旧統一教会への現在の攻撃は、日米同盟を破壊し、弱体化させ、中国共産党と日本の関係改善の道を開くための試み以外の何物でもない。（11月18日）

終章

「宗教と政治」を問う

世界日報の主張

旧統一教会調査は政治的思惑を排し公正に

岸田文雄首相が、世界平和統一家庭連合（旧統一教会）に対し、宗教法人法に基づく調査を永岡桂子文部科学相ら関係閣僚に指示した。同法が規定する「質問権」の行使は初めてとなるが、「信教の自由」に関わる問題だけに、法に則った公正な調査が望まれる。

首相が一日で解釈を変更

宗教法人法は「著しく公共の福祉を害する」「宗教団体の目的を著しく逸脱した」場合、裁判所は文科相らの請求を受けて「解散を命ずることができる」と規定している。政府は年内に調査を開始して解散命令を請求するかどうか判断する。

岸田首相は調査に踏み切った理由として、2016年と17年の民事裁判で組織的な不法行為責任を認定した判決があり、政府の合同電話相談窓口に9月末時点で1700件以上の相談が寄せられたことを挙げている。

今後、宗教法人審議会委員の意見を聞き、質問権を行使する際の基準を策定することになるが、前例のない質問権の行使に当たっては「信教の自由」と「公共の福祉」の双方を尊重した慎重な姿勢が求められる。1700件以上の相談についても、中身を精査する必要がある。

教団側は「正式な調査依頼があれば真摯に受け止め誠実に対応したい」としている。その通り実行してほしい。教団は高額献金が家庭崩壊に繋がったことから改革方針を出している。家庭の価値と幸福を掲げる教団から崩壊家庭を生んだことを猛省し、改革の実を示すべきだ。いずれにしても政府は、法に則り公正に進める必要がある。政治的な思惑やポピュリズム的な動機でなく、大局を見据えての対処が求められる。

岸田首相は19日の参院予算委員会で、旧統一教会の解散命令の要件について「民法の不法行為も入り得る」との見解を示した。前日の衆院予算委では「入らないという解釈だ」と述べていた。一日にして法解釈をがらりと変更させたことになる。

憲法で保障される「信教の自由」を尊重する目的で制定され、宗教行政の基本となる宗教法人法の場当たり的な解釈の変更は、誤りである。これが前例となれば、特定の宗教団体を標的に攻撃し、あわよくば解散へ追い込もうという動きが将来、出てくる恐れがあり、予測不能の混乱すら招きかねない。

首相は、刑事裁判の判決が確定する前でも請求の手続きに入ることはあり得るとの考えも示した。司法の判断を軽く見る姿勢は、法治主義の精神の根幹を揺るがすものであり、強い危惧を抱かざるを得ない。

旧統一教会問題は、同教団や関連団体が反共保守を掲げ積極的な活動を展開していたことから、共産党はじめ左翼リベラル勢力の攻撃の対象となっており、政治的な側面が濃厚だ。政争の具にすべきではない。

宗教者らと法整備検討を

霊感商法に関する消費者庁の有識者検討会は、不当な献金（寄付）要求を禁じるための法制度の検討などを提言した。献金は重要な宗教行為であるのに、検討会に宗教者や学術専門家が入っていないのは基本的な不備と言わざるを得ない。法整備検討には宗教者らの参加が必須だ。

（10月20日）

宗教と政治の接点　日本宗教界の危機

元武蔵野女子大学教授　杉原誠四郎

河野検討会の不公正　全国弁連の主張にお墨付き

世界平和統一家庭連合（家庭連合、旧統一教会）の解散命令請求に向けた質問権の行使や、被害救済法案に対する与野党の議論が進んでいる。日本で政教分離は正しく理解されていないと指摘する杉原誠四郎氏に宗教と政治の観点から現在の政界の動向について語ってもらっ

た。（聞き手＝政治部長・武田滋樹）

＊　＊　＊　＊　＊

――家庭連合に対する解散命令請求に向けた質問権の行使、また被害救済法案の中身が政界の一つの焦点になっている。

その先鞭（せんべん）をつけたのは河野太郎消費者担当相だ。8月10日の就任直後から精力的に消費者庁の「霊感商法等の悪質商法への対策検討会」（以下、検討会）を立ち上げた。衆院予算委で本格的議論が始まる10月17日に合わせるように報告書を出して、旧統一教会に対し「解散請求も視野に入れ、宗教法人法第78条の2に基づく報告徴収及び質問の権限を行使する必要がある」などと提言した。

――いわゆる河野検討会の何が問題か。

委員会の人選から、審議の進め方、報告書の内容に至るまで問題だらけだ。

旧統一教会の霊感商法の被害が指摘されているので、消費者庁として調べて被害があれば救済しましょうというのならば理解できるが、そのためには客観的な人を選ばなければならない。

しかし河野担当相は、トロイの木馬のように、旧統一教会の解散を目指す全国霊感商法被害対策弁連（全国弁連）の紀藤正樹弁護士や日本脱カルト協会の代表理事を務める西田公昭立正大学教授、野党議員時代に旧統一教会に批判的な立場から霊感商法問題に取り組んできた菅野志桜里弁護士を行政府の対策検討会に引き入れ委員に就任させた。これは明らかに公正でない人事だ。

実際に紀藤氏や菅野氏が検討会の議論を主導し、全国弁連からは旧統一教会に対する損害賠償請求訴訟を35年間も続けてきた郷路征記弁護士を招き、教理内容にまで立ち入った資料に基づいた説明を受けた。

その半面、旧統一教会の反論や弁明は一切聞いておらず、宗教法人の基本権剥奪に当たる解散命令の請求に言及するのに、公平な立場の憲法学者や刑法学者、宗教学者に意見を求めてすらいない。行政庁の審議としては不当であり、法の支配、法の公正性において大いに問題だ。

――報告書の内容はどうか。

明らかに消費者庁の所管外の提言であり越権行為だ。当時、旧統一教会が解散命令を出すに値すると主張していたのは全国弁連であって、その主張をそのまま報道する一部マスコミだった。公的に断定されておらず、いってみれば容疑の段階でしかなかった。

それにもかかわらず、河野検討会はその報告書を通じて、全国弁連の主張に政府のお墨付きを与えた。大衆迎合的なポピュリズム政治の典型といえる。自民党と旧統一教会との「接点」探しに油を注ぐ結果となり、自民党までも大混乱に陥れた。河野担当相の政治的犯罪とも言うべき重大な過失だ。

岸田文雄首相も、河野担当相肝煎りの政府検討会の提案なので無視はできない。予算委で「閣内不一致」と追及されかねない。結局、報告書提出の当日（10月17日）に旧統一教会への調査（質問権の行使）を文科大臣に指示し、当初は解散請求の「要件に当たらない」としていた民法の不法行為も一夜にして「（要件に）入り得る」と、報告書の提言に沿った解釈に変えた。

――報告書は、霊感商法等の被害救済のため、マインドコントロール論に基づいて取消権の範囲拡大なども提言している。

すぎはら・せいしろう 1941年広島県生まれ。67年東京大学大学院教育学研究科修士課程修了。城西大学教授、元武蔵野女子大学（現・武蔵野大学）教授を歴任。著書に『日本の神道・仏教と政教分離―そして宗教教育』（文化書房博文社、92年）、『新教育基本法の意義と本質』（自由社、2011年）、『理想の政教分離規定と憲法改正』（同、15年）など。共著に『対談・吉田茂という反省』（同、18年）、『吉田茂という病』（同、21年）など。

マインドコントロールというのは、宗教を信仰している信者の心の状態に対して信仰していない人が外から言っている言葉だ。信仰に基づく献金や寄付まで、マインドコントロール下にあって「合理的な判断ができない状況」のためだというのは、あまりにも僭越（せんえつ）だ。どうして旧統一教会の信仰状態だけをマインドコントロールと定義できるのか。他の宗教にも拡大適用すれば、全ての信仰がマインドコントロールだということになる。これは信仰の自由を脅かす大変な暴論だ。（11月15日）

公明党は国のため役割果たせ

世界平和統一家庭連合（旧統一教会）をめぐる政界の動きについて、日本で政教分離は正しく理解されていないと指摘する元武蔵野女子大学教授の杉原誠四郎氏に宗教と政治の観点から語ってもらった。（聞き手＝政治部長・武田滋樹）

＊　＊　＊　＊　＊

――自民党と家庭連合やその関連団体との「接点」探しは、地方の首長や議員にまで拡大している。

信教の自由を定める憲法の下で、宗教団体が自分たちの掲げる理想を実現するため、政治家と接触するのは当然のことであり全く問題ない。それは宗教団体にとって、基本的人権ならぬ〝基本的集団権〟だと言える。また、政治家も政策作成のために宗教団体に接触しても何ら問題はない。それが問題なら創価学会と公明党は憲法違反を犯していることになる。

もちろん教団と接触した議員が霊感商法等の問題を助長するような行動を取っていたり、旧統一教会が本当に解散命令を出さざるを得ないほど不法行為を重ねていたりすれば話は別だ。そのような疑惑や主張は、旧統一教会に敵対的な弁護士団体や共産党など一部野党から出されてはいるが、厳密にはいまだ公的に断定されているわけではない。

——公明党は自民党と教団等との接触の問題について、「政治と宗教一般の問題でなく、社会的に問題を指摘されている団体と政治との関わりだ」として傍観する姿勢を取ってきた。

日本のような民主主義国家では、個人であれ団体であれ、その基本権に重大な制限が加えられるのは、慎重かつ公正な手続きを経て刑罰が確定された時に限られる。それが大原則だ。世論が一方的に傾く状況であればあるほど、信教の自由はどういうものかを国会の中できちんと主張するべきだ。宗教の弾圧になるような、解散ありきの審議はおかしいと。今のところ公明党は自分のところに火の粉がかからないようにするのが中心課題となっているが、審議がこのままで先に進めば大変な状況になる危険性がある。

——既に政府は宗教法人法に基づく解散命令の要件に「民法の不法行為も入り得る」と解釈変更を行った。

旧統一教会の被害者救済法案の協議では、野党側が定義も不確かなマインドコントロールを盛り込むことや献金の上限規制、本人以外の献金取り消しを要求しており、政府・与党の対応次第では、他の宗教法人にも重大な影響が及びかねない状況だ。

創価学会も高額献金（財務）や宗教二世の深刻な問題を抱えている。新興宗教だけでなく、伝統的な仏教や神道も含め他の宗教団体も大同小異だろう。より大きな目で見れば、政府が政治的な思惑で宗教団体への統制を強めているわけで、憲法が保障する信教の自由との関係でより慎重な論議が必要だ。

——信教の自由が重大な危機を迎えているということか。

日本の宗教界の危機であり、国家の在り方に関わる問題だ。公明党の支援団体である創価学会は日蓮宗を起源としている。日蓮宗というのは国家護持の精神を抜いたら日蓮宗でなくなる。

私は平成の天皇即位の際に大嘗祭に関し、公明党の衆議院議員鍛冶清氏（故人）の仲介で内閣法制局に意見具申したことがある。当時の内閣官房副長官、石原信雄氏もじっと聞いておられた。大嘗祭は宗教行事ではあるが、天皇家の伝統の祭祀（さいし）の行事であるので伝統通りに行うべきだと述べたが、公明党の議員がそんな意見を政府につないでくれたのは、国を思ってのことだと感謝している。

公明党は押しも押されもせぬ日本を代表する宗教政党だ。今こそ日本の信教の自由を守るために役割を果たすべきだ。

（11月21日）

記者の視点

宗教法人法の「質問権」行使　歯止めなき大衆迎合の危うさ

編集委員　森田清策

永岡桂子文部科学相が世界平和統一家庭連合（旧統一教会）への宗教法人法に基づく「質問権」行使を正式発表した。先月17日、岸田文雄首相が文科相に質問権行使による調査を指示、今月8日にその基準が決まったばかり。文科相はそれに沿って迅速に最終判断を下したわけだ。

ここで違和感を持つ。首相がすでに行使を指示し、文科相も「年内のできるだけ早いうち」と明言していたことだ。質問権行使は初めてで、行使の基準がない中、いったい首相は何を基準に行使を決断したのか。

順序を言えば、まず行使の基準を決めさせ、それに沿って行使するか否かを判断するのが通常の手続き。しかし行使の結論ありきで、しかも日程まで決めた上で、基準を作らせるというのは事の後先が逆。後出しじゃんけんならぬ、「俺はパーを出すから、お前はグーを出せ」と指示するようなものだ。

宗教団体への「報告及び質問」を規定した宗教法人法78条第2項は、宗教団体に「質問させようとする場合」には「あらかじめ宗教法人審議会に諮問してその意見」を聞かなければならないと規定する。文科相は審議会に質問項目などについて諮問した上で、質問権を行使する方針だが、それは行使を決めた後のことで「あらかじめ」意見を聞いたことにはならない。

世論調査では、8割が教団の解散命令の請求に賛成するという。社会の空気と支持率低迷を背景に、質問権行使を政治利用する首相。あからさまなポピュリズムにブレーキをかける政治家や言論人は少ない。しかも宗教法人審議会も政府が示したスケジュール通りに手続きを進めており、チェック機能を十分働かせているとは思えない。

首相は先月25日、政府が確認している民法の法令違反22件では「過去に解散を命令した事例と比較して十分に解散事由として認められるものではない。報告徴収・質問権を行使することでより事実を積み上げることが必要だ」と国会答弁した。犯罪捜査で司法警察を指揮する検事のような感覚で、「有罪にするには証拠が足りないからもっと集めろ」と言っているようにも聞こえる。

同法78条第6項は「犯罪捜査のために認められたものと解釈してはならない」と、憲法が保障した「信教の自由」を守るため、質問権は抑制的に行使することを求めていることは無視されている。首相の焦りによる世論への忖度(そんたく)が日本の民主主義を破滅に向かわせているようで不気味だ。

だが、数は少ないにしろ、この状況を冷静に見ている宗教学者は存在する。島田裕巳氏は今月2日のラジオ番組（ニッポン放送）で、首相が解散命令の要件に民法の不法行為は「入らない」と言ったのを一夜で「入る」と一転させたことについて「岸田首相は、物事をあまり考えていない」と切って捨てた。さらに「（民法の不法行為で）解散させるところまで持っていくのは土台無理かなと思う」が、それでも解散請求した場合は「裁判所に蹴られるのではないか」と述べた。

パーソナリティーの辛坊治郎氏が「世論に忖度するような裁判官だったら」と問えば、「たまにおかしな裁判官がいるが、高裁、最高裁まで行き、そして常識的な判断が下るのでは」との見通しを示した。首相はじめ今の政界は常識的な判断が下せなくなっているということだろう。

（11月12日）

論壇時評

政教分離の原則　政治関与否定は唯物的宗教観

編集委員　森田清策

マスコミを中心にした熱病にも似た世界平和統一家庭連合叩(たた)きと、それに過剰反応する政治。なぜこんな事態になっているのかを分析するとき、日本人の宗教観が大きく影響しているように思う。それは政治との関わり、つまり政教分離を考えると分かりやすい。これには大きく二つの考え方がある。

作家の佐藤優は月刊『Ｈａｎａｄａ』に持つ連載コラム「猫は何でも知っている」で、次のように指摘する（「旧統一教会問題と日本共産党」＝10月号）。

一つは旧ソ連、中国、北朝鮮が取る見解。つまり「宗教は内面的信仰に限定され、政治に関与すべきでない」というもの。言葉を換えれば、「宗教は阿片（あへん）」とした共産主義的な宗教観で、宗教を否定するか、限定的な意義しか認めない立場だ。唯物論者は「神」「霊魂」を認めないのだから当然だろう。

もう一つは「政教分離原則は国家が特定の宗教や宗教団体を優遇もしくは忌避（きひ）することを禁止したもので、宗教団体が自らの価値観に基づいて政治活動を行うことを認めるという考え方」だ。宗教の意義を積極的に認め、宗教が政治に関わってこそ民主主義は健全になると考える立場と言っていいだろう。

佐藤は、後者の考え方を取る国家として米国と日本を挙げた。本来の立場からすればそれは正しい。しかし、日本の場合、戦後77年が経（た）ち、戦前への過剰な反省もあって神や霊魂の存在を否定する風潮が社会に蔓延（まんえん）、共産主義的な宗教観に近づいているように感じる。その代表例がマスメディアに登場する左翼的なジャーナリストや弁護士たちである。テレビの討論番組を見ると、「私は無宗教です」と断ってから家庭連合批判を始める識者も少なくないが、国際基準からすれば「無宗教」を証すことは褒められたことではない。

そして、佐藤は「信教の自由を擁護し、政教分離の原則の徹底をはかる」と党綱領で定める日本共産党に対して、「『政教分離の原則の徹底』が何を意味するのか、宗教団体の政治活動に制限を加えるか否かについて」「公党として立場を明確にすべきだ」と「宿題」に答えるように求めている。その上で「宗教団体に対する感情的非難が行きすぎると、信教の自由の基盤を崩し、日本の民主主義体制を弱めることになる」と警告している。（敬称略）（9月24日）

「政教分離」の誤解　公権力を縛るのが主眼

世界平和統一家庭連合（旧統一教会）と「接点」があった政治家叩き（たた）はメディアから国会に広がり、山際大志郎・経済再生担当相（当時）が辞任に追い込まれた。同教団関連団体のイベントに出席した当時、教団は「反社的勢力（反社）」として問題になっていなかった。れっきとした宗教法人として活動する教団と関係があっただけで辞任すべきものではあるまい。

後から教団の問題が表面化したのなら、改善を要求し、教団側もそれに積極的に取り組むべきだ。それでも改善が見られなければ「反社」になろうが、現在の政治とメディアの動きは逆。解散に追い込むために「反社」にしているように見える。

魔女狩りの様相を呈する政治とメディアを目の当たりにして、保守論壇を中心に、日本の将来を危ぶむ声が増え始めている。『正論』11月号掲載の「『旧統一教会批判』熱狂の危うさ」はその一つ。筆者は同誌編集部の安藤慶太氏。まず「旧統一教会の活動に個別の問題点があるならば、それは民事、刑事両面から正していけばいい」と、法治国家の原則を確認する。

その上で、「反社」の事実認定を欠く一方、教団が宗教法人として認証されていること、さらに「信者が現実に存在し、彼らなりの信仰生活をしていることなどは何も顧みられていない。『魔女狩り』にも似た、窮屈かついびつで寛容さに欠けた『空気』がもたらす『圧力』に政治家も役所も流されてしまっている」と、現行の教団バッシングに強い警戒心を示した。

もう一つ顧みられないことがある。憲法が保障する「信教の自由」だ。「憲法二十条に定められた信教の自由はもちろん、宗教団体が憲法にある『公の支配』に服する存在ではないこともすっかり忘れ去られてしまって」おり、教団に対する「人民裁判のような光景が繰り広げられている」と、「正論」を展開する。

教団と関係があった政治家叩きの背景には「政教分離」についての誤解があるとする声は少なくない。文明論考家の上野景文氏は「この原理はあくまで公権力を縛ることに主眼があり、政党や議員、つまり政治家一般を縛るものではない」と述べる（「問題の核心は『政教分離』の誤解」＝『Ｈａｎａｄａ』12月号）。

また、作家の佐藤優氏は「政治と宗教」の「切り口自体に信教の自由を侵害しかねない深刻な問題がある」と、信仰の本質に迫る指摘を行っている（「『政治と宗教』をめぐる一問一答。」＝『潮』11月号）。宗教団体に限らず、「違法行為や社会通念から著しく逸脱した行為が頻発（ひんぱつ）している団体との支持協力関係」は「政治と宗教」ではなく、「政治倫理（りんり）の問題」だという。

これも「正論」だ。

こうした政治と宗教との関わりについての誤解を背景にした異様な空気に屈してしまっている筆頭は岸田文雄首相だろう。安藤氏は岸田首相の対応における問題点を二つ挙げた。一つは自民党本部ではなく官邸で記者会見し、党と教団との関係を断つことを表明したこと。もう一つは「一切の関係を断つ」の意味が曖昧なことだ。党から教団信者を「一人残らずつまみ出して排除するという意味なのか」と、重大な疑念を提起しているが、いずれも公党の総裁が憲法20条の要請を理解していないか、軽視している証左だ。

安藤氏は最後に警鐘を鳴らす。教団を「解散させることが正義だと考えている人たちは、それが『法治主義』を崩しかねない、という自覚に乏しいように思う」と。まったく同感である。

（10月29日）

あとがきに代えて

言論の使命と世界日報

世界日報主幹　黒木正博

メディアが脅かす報道の自由

日本はもとより世界が震撼（しんかん）した安倍晋三元首相の銃撃テロ事件から1カ月以上がたった。しかし、この間の一方的な関連報道は極めて異様と言わざるを得ない。

正当な取材活動を妨害

山上徹也容疑者が母親の所属教団である世界平和統一家庭連合（家庭連合＝旧統一教会）に対する恨みが犯行の動機と供述しているとの報道がされ、連日大半のテレビや新聞、週刊誌はじめネットでも同教団への批判報道が展開されている。

さらに最近は同連合の、いわゆる「関連団体」と政治家との関係が問題視されている。本紙・世界日報もその概念の曖昧な「関連団体」とされ、本紙のインタビューや座談会に政治家が登場したことが問題視されている。

インタビューに登場した政治家たちは、報道機関への当然の対応をしたのであり、それをなぜ問題視するのか。強い違和感を覚えざるを得ない。本紙はこれまで自民党をはじめとする各政党を取材し、与野党議員へのインタビューを行い掲載してきた。憲法改正など重要問題では、自民党のみならず民主党（現・立憲民主党）など野党議員にも座談会に登場していただいた。また、全てではないが、各省庁、政党、公的機関の会見等には機会あるごとに参加し、読者の知る権利に応える努力を続けてきた。

2019年に、河村たかし名古屋市長が本紙のインタビューに登場したことについて記者団からただされ、「特定団体の機関紙ではなく、マスコミの取材に応じることは当然の務めだと認識している」と過不足ない答えをしている。ところが、「今後同様の依頼があったらどうするのか」などと、小紙の取材に応じることが問題であるかのような、極めて不適切な質問を畳み掛けている。

憲法第21条では、報道・言論の自由をうたっている。世界日報の正当な取材活動に対し「関連団体」のレッテル貼りの下に、その機会を奪うような働き掛けをマスメディア自身が行っていることに強い違和感と危惧を抱く。これは言論・報道の自由の旗手たるべきマスコミ人が、自ら言論報道の自由を脅かす行為と言わざるを得ない。まさに歪（ゆが）んだ「言論空間」といえよう。

一部の国会議員のツイート、メディア報道で散見された「機関紙」という誤った表現についても、本紙は株式会社世界日報社が発行する一般総合日刊紙であり、特定の団体組織の機関紙ではないことをあらためて明確にしておきたい。

本紙は国内外で共産主義が猛威を振るう中、1975年1月1日に創刊された。リベラル左派が主流であった言論状況に強い危機感を抱いた世界的な宗教家である文鮮明師が保守論陣を明確にした日刊紙の必要性を提唱。これに共鳴・支持する有志、在野のジャーナリストの手で創刊された。創刊当初から、読売、朝日、産経、毎日、日経各紙およびNHKの記者・社員OBが参画。その際、特定の政党や団体を代弁する機関紙ではなく、国家・国民に奉仕する「社会の公器」としての役割を果たすことをうたったのである。

言論・報道の自由は、健全な社会と国家・世界の平和と安定に必須であり、これを最も弾圧してきたのが共産主義である。本紙は創刊以来47年にわたり、自由と民主主義を守る立場から言論報道を展開してきた。その間、他紙にはないスクープ報道や、歴史教科書検定問題では大手紙の誤報を正すなど、我が国の新聞報道において一定の役割を果たしてきたと自負している。

国民の知る権利に応える

本紙はそのような実績を持つ言論機関である。その自由な取材・報道活動を阻害しようという試みは、重大な憲法違反であることを再度、指摘しておきたい。本紙はいかなる妨害が

あろうと、国民の真実を知る権利に応えるという言論機関に託された使命を全うしてゆく所存である。（8月19日）

装丁・DTP製作　菅野政弘

令和の魔女狩り
旧統一教会バッシングの深層

令和5年2月15日　第一刷発行

編　著●世界日報社編集局

発行所●㈱世界日報社
〒103-0025
東京都中央区日本橋茅場町1－5－2－5階
電話 03（3476）3411 代表
電話 047（314）5715 出版部
FAX 047（314）5709 同上
https://www.worldtimes.co.jp

印　刷●㈱日商印刷

乱丁・落丁本はお取り替え致します。

 ISBN978-4-88201-100-2